▲「將此身心奉塵剎，是則名為報佛恩。」我以此理念，將一生奉獻給佛教、教育、文化與慈善事業，並希望自己的學習之道，有助於大家的參考。

學習的身影

除了從書本中獲得知識外，
只要有需要，必從做中學，
因為學習不只是學問，更需要具體的實踐。

▲幼時在棲霞叢林中參學，圖為南京棲霞律學院山門。

▲建設佛光山初期，與蕭頂順一起討論寺院架構，開始學習建築工程細節。

▲在新竹青草湖臺灣佛教講習會時的師生們。

▲自少年時期開始志於學，艱苦的環境中也設法讀書，而養成自學的習慣。

文以載道

我喜歡寫作，十八、九歲就開始投稿，從寫、編至出版的種種專業，幾乎都是觀察與學習而得。

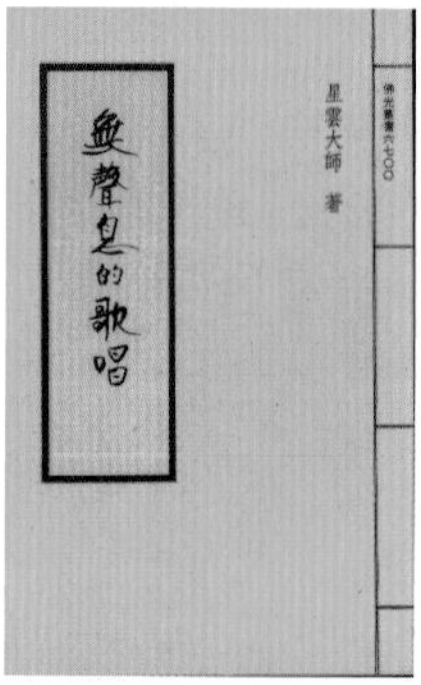

▶《無聲息的歌唱》是我的第一本著作，而《玉琳國師》、《釋迦牟尼傳》則是我試著以人物小說體撰寫的作品。

▲即便平面媒體式微，我依然在 2000 年創辦了《人間福報》。

▼《覺世》旬刊是我開始深入學習編輯技巧的刊物。

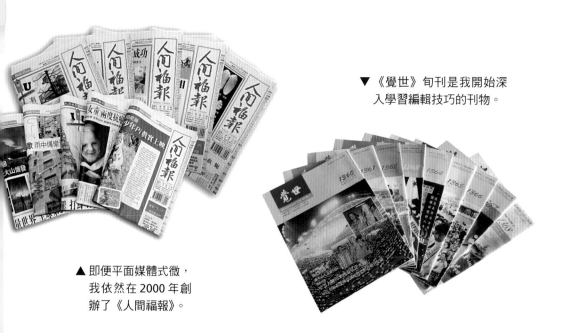

▲《佛光大辭典》、《世界佛教美術圖說大辭典》、《法藏文庫》等鉅冊套書，均花費長久時間與龐大精力完成。

以教育推己及人

我所投入的教育種類繁多，
除了佛教教育、社會教育外，
還創辦了職業學校、大專院校，
甚至遠及海外。

▲ 我於宜蘭舉辦幼稚園師資訓練班，訓練了幾百名幼教人才，並於 1956 年在宜蘭創立「慈愛幼稚園」，下圖為 1952 年與幼教老師們合影。

▲ 壽山佛學院之後，雖歷經改名改制，但一直比照一般學校學期制，持續辦學。圖為 1966 年第二學期開學典禮師生合影。

▲ 1958 年在宜蘭念佛會成立兒童班，帶領兒童共修。

▶ 1964 年我與南亭法師（中）、悟一法師（右）共同在當時的臺北縣中和鄉辦理智光商工職業學校，提供技職教育的學習管道。

▲ 位於美國洛杉磯的西來大學，是我開辦的第一所大學。

▼ 1977 年我接辦正氣中學，改名為普門中學。

▶ 在「百萬人興學運動」創建支持下成立的佛光大學，位於宜蘭礁溪。

播下自學種子

除了辦學校、成立文教事業，
我也大力推廣成立讀書會，
期待更多人能親聞書香，
結般若果。

▲ 2001 年成立「人間佛教讀書會」，與各機構組織結為盟友，如「洪建全基金會之PHP素直友會」，「天下遠見讀書俱樂部」等。希望結合更多力量，共同推動閱讀。

◀「人間佛教讀書會」長期推廣閱讀與分享，希望影響各地各界的人們加入閱讀的行列。

▲ 2010 年「全民閱讀博覽會」於金光明寺舉行。

啟動斜槓人生

星雲大師的自學之道

星雲大師——著

CONTENTS

卷一

從「自覺」開啟視野

卷二

藉「自學」強化技能

卷三

從「覺他」擴展學習面

卷一

從「自覺」開啟視野

凡事不要人家來指責、來教訓，

自己就先要有自覺。

每個人都會有能力的不足，

若是由自己主動察覺其中的原因，

就會更有動力朝前邁進。

因為只有自己可以幫助自己不斷進步、不斷成長，

並找回自信與力量。

我的自學過程

我一生沒有進過學校念書，不要說沒有小學畢業，我連幼稚園的畢業證書都沒有，但這不表示我沒有讀書學習。所謂「活到老，學不了」，我到了這把高齡，因為眼睛看不到，還要徒眾輪流讀書給我聽。

人生就是一場學習

回憶幼年，我沒有受過學校教育，也沒有完整的家庭教育，但生性有一個「自我教育」的性格。所謂「自我教育」，就是「自覺」，覺察到自己需要學習做人，需要學習做事，才能成為有用的人才。

所以，回想起幼年時期的我，應該是一個有禮貌的孩子，跟隨外婆，經常在各個佛堂走動。在周遭的人士，好像也從來沒有人責罵過我或嫌棄過我，他們都喜歡我這個小孩。大概我的幼年也有討人喜歡的條件吧！

記得我幼小的時候，聽外婆在佛堂裡唱的詩歌：「善似青松惡似花，看看眼前不如它；有朝一日遭霜打，只見青松不見花。」又例如〈因果偈〉說：「善有善報，惡有惡報，不是不報，時辰未到。」一時隔八十多年，至今，當時唱詩歌的那許多情況，如同還在我的目前。

我雖是一個男孩子，但我喜歡做家務，掃地、洗碗、燒火，甚至於偶爾做一點簡單的飯菜，非常勤勞地從事家庭工作。因為家貧，不得不幫助父母解貧救難。還在幼童時期，我就喜歡撿拾人家丟棄的廢物，像杏仁的籽、李子的核，人家吃了就不要了，我把它們聚集起來，賣給中藥店，也能換幾個零錢。

我也經常早晨撿狗屎、晚間拾牛糞，狗屎可以做肥料、牛糞可以當柴燒，還記得換來那幾個小錢給母親的時候，她非常歡喜，我也很高興。尤其在十歲那一年，七七盧溝橋事件發生，家鄉給戰火燒得面目全非，房屋也都燒光了，到處都是瓦礫。我和另外一些同伴，就從那些瓦礫中，挖掘一些鐵釘、銅片，也可以賣幾個錢。現在回想起來，也算是一種資源回收吧！

那個時候，倒也不是完全為了賺錢，我想，人生就是一種學習，自己不能像一般的兒童可以到學校裡念書，但我可以學習做人、學習做事，也不算荒廢童年的時光。

我在初出家時，雖然年齡只有十二歲，但也不是全然無知，可以說，也能認識幾百個漢字。那都是從不認識字的母親，在我講話錯誤、說話不當的時候，告訴我正確的語言應該怎麼說而認識的。我也曾經上過幾天的私塾，應該幫助我認得幾個字。

出家的時候，師父跟母親承諾可以給我念書，實際上，當時身處硝煙瀰漫的戰區，僧團也一樣三餐難繼，平時也沒有人提讀書這件事。偶爾有一位老師要來上課，敲鐘集眾時，大家反而奇怪的相互問道：「為什麼要打鐘？有誰來教課呢？」

其實，教我們的老師也沒有學過教育，可能也沒有讀過什麼書，只是因為年齡比我們大，參學時間比我們久，我們都尊之為老師。有時候為我們上課，寫黑板的板書，連位置都不適當，教書時解釋詞彙，也感覺到不很高明。儘管如此，我就從不高明的教學中，學習到自己以後應該要怎麼樣寫黑板字、怎麼樣解釋課文的詞句。所以我覺得，有好的師資，固然是我們學子的福氣；沒有好的老師，只要他正派、擁有知識，從不高明、不究竟裡，也能學到一些道理吧！

現在回憶起來，我在棲霞山寺七、八年的歲月，課程確實有些講不好，有的太深奧。例如，老師跟我們講「如來藏」、「十八空」、「八識」、「二無我」，我完全聽不懂意義，或者講《因明論》、《俱舍論》，我聽了真是如聾若啞。記得有一次，老師教我們寫作文，題目是〈以菩提無法直顯般若論〉，很慚愧，就是現在叫我來講說，都非常困難，更不要說那個青少年的我不懂得這個意義了，只得去別的書上抄錄一些來應付交卷。

老師批示下來：「兩隻黃鸝鳴翠柳，一行白鷺上青天。」我還甚為得意老師批了詩句給我。後來學長跟我說：「兩隻黃鸝在叫，你聽得懂牠在叫什麼嗎？一行白鷺在空中飛翔，你了解是什麼意思嗎？」我說：「我不懂。」他說：「所以老師講你寫的是『不知所云』。」我慚愧不已，不敢再隨便亂說。

在棲霞山參學期中，不准外出，不准看報，佛學經文以外的書籍，當然更不可以碰觸了。但有一次在路邊，見到一本不知道是誰丟棄的《精忠岳傳》小書，彩色的封面，畫著岳飛跪在地上，他的母親在他背上刺了四個字「精忠報國」。這四字，好像觸動了我的心弦，我覺得做人應當如是。後來，我把「精忠報國」的理念用於生活，忠於工作、忠於承諾、忠於責任、忠於信仰。現在回想起來，《精忠岳傳》就是當初第一本對我啟蒙的書籍了。

老師教的佛法，我雖然不懂，但是在圖書館裡，有一本黃智海著作的《阿彌陀經白話解釋》，讓我看得真是忘我入迷，覺得佛教真好，原來有一個淨土極樂世界，那裡面有自然界的美景、社會人事的和諧，所謂「七寶行樹」、「八功德水」，那麼美好莊嚴、那麼和樂安詳，實在是人生的天堂啊！對於修行學道，就感到更增加信心了。

棲霞山歲月的成長

我非常僥倖地，在十五歲的時候就登壇受比丘三壇大戒。戒期中，除了睡眠不夠、飯食不飽，老師的打罵以外，並沒有什麼特殊的感受。假如說有的話，就是覺得在受戒期中，什麼苦難、什麼委屈，一切都是當然的，因為自己正在受教。想來，我能熬過青少年時期遭受的專制、委屈，主要的就是靠著自己把打罵、責難都視為是「當然的」。

在受戒之後，除了偶爾課堂裡的學習，我就更加投身於苦行的行列。挑水、擔柴，光是行堂，每日三餐為人添飯、洗碗，就做了六、七年。在大陸，嚴寒的冬季，每餐在冰冷的水裡洗幾百個碗盤，手掌都凍裂破綻，還可以看到鮮紅的肉塊。要再下水洗碗，實在痛徹心肝，但除了忍耐以外，又有什麼別的辦法呢？所以，回憶起人生，忍耐苦難，實在是青年學子學習的增上緣。如果有人越是能經得起刻骨銘心的苦難，能夠忍受得了，他必然越是能夠成功。我覺得，發心苦行也能開悟。

我在棲霞山受教的期間，自覺有三次最為受用：

第一次，抗戰初期，棲霞山的鄉村師範學校撤離到大後方（重慶）去了，所有散落的書，像《活頁文選》，在路上遍地皆是。後來，我們把它撿回來，成立一個小型的圖書館「活頁文選室」。佛書我看不懂，就看小說，從中國的民間故事《封神榜》、《七俠五義》、《梁山伯與祝英台七世因緣》，一直看到《三國演義》、《水滸傳》，甚至於《格林童話集》、《安徒生童話集》、法國大仲馬的《基度山恩仇記》、小仲馬的《茶花女》，乃至英國《莎士比亞全集》、俄國托爾斯泰的《戰爭與和平》、印度泰戈爾的詩集等許多大文豪偉大的作品。雖然還是一知半解，但從中也是獲益無窮。

第二次，除了眼睛看書學習以外，耳朵也很幫忙。那許多年長的前輩，他們雖不是很有學問，但講起佛教來，歷歷如在眼前，往事、歷史，聽得我如醉如痴、心儀不已。例如：圓瑛大師和太虛大師結拜兄弟，仁山法師的大鬧金山，「洞庭波送一僧來」的八指頭陀，清涼寺靜波老和尚的種種軼事，印光大師的《文鈔》，弘一律師的才子佳人等等。

第三次，最重要的，應該是禮拜觀世音菩薩的體證。承蒙佛菩薩的加被，讓我從少年的星雲，而可以一躍為青年的星雲；從無知的佛子，到對佛法深刻體會的修持；從愚痴懵懂，而慢慢知道一些般若智慧的訊息，這大概是受益最大，我應該感謝諸佛菩薩的慈悲恩德了。

感受文字的力量

十八歲那一年，也是抗日戰爭的末期，我到了焦山佛學院，我應該懂得自學了。每個月我發行一本刊物，內容都是自己手寫的，並且把它命名為《我的園地》，讀者只有我一個人。內容包括卷首語、社論、佛學講座，也有散文、小說、詩歌，甚至編後記。因為都是自我抄寫、自我練習，文字的力量深深的刻印在心版上，這對我後來寫作，對多方文體看起來都能應付，應該關係很大。

尤其這個時候，胡適之的《胡適文存》，梁啟超的《佛學研究十八篇》，王季同的《佛學與科學的比較》，尤智表的《佛教科學觀》、《一個科學者研究佛經的報告》，以及《海潮音》、《中流》月刊，對我也幫助很大，我每讀到好道理，都把它記在筆記本上。甚至魯迅、巴金、老舍、茅盾、沈從文等當代文學大家的作品，也讓我非常嚮往，乃至陳衡哲的《小雨點》、冰心的《寄小讀者》等，我都受了一些影響。

在焦山授課的老師就不像過去簡單了。我記得有當初太虛大師門下第一佛學泰斗芝峰法師，有北京大學教授薛劍園老師，有善於講說《俱舍論》的專家圓湛法師，還有一些老莊哲學、四書五經，甚至於代數、幾何等課程。我在那一、兩年中，如飢如渴的飽嘗法味。一有空檔，還有一些小文、小詩投稿在鎮江的各個報刊，給予自己的鼓勵很大。

我在焦山，除了寫過〈一封無法投遞的信〉給我生死未卜、不知何在的父親，以及〈平等下的犧牲者〉，還寫了一篇〈鈔票旅行記〉，雖然自己沒有用過錢，但是我有一個頭腦、有一點新思，真好像自己開悟了一樣，學什麼都感到得心應手。

在焦山期間，還有半年就能畢業，因為對院方的改制不滿，我放棄了畢業典禮，寫信獲得家師的同意，在一九四七年的冬天，帶我回到祖庭大覺寺禮祖，並且在鄉下一所學校裡做一名小學校長，讓我學以致用，給我一個「做中學」的試驗場所。

甚至，後來到南京擔任短期的住持，對於過去青少年期間學習的叢林規矩，加以運用，讓自己不至於荒廢時光。就好像海陸空三軍一樣，我參學過佛門的律下寶華山學戒堂，宗下金山江天寺、常州天寧寺的禪堂，教下焦山定慧寺的佛學院等，雖沒有深入，也都能沾到一些理事圓融。影響所及，現在我也自己能做戒師了，在佛光山多次傳戒，對於有些規矩也能做一些改進，這不能不歸因於當時參學各宗各派時扎下的基礎。

在南京只有短短一年多時間，我和道友們在華藏寺提倡「佛教新生活運動」，以白塔山辦《怒濤》雜誌的經驗，就推動起革新舊有的佛教，向新佛教邁進一步了。這也算開拓了我的思想，成為我走上弘法利生的最大助緣。

三人行必有我師

來到臺灣以後，雖然我不是什麼很高明的人，但樂於與人同享知識。在中壢圓光寺掛單的時候，就有不少的人，三、五人一組，由我跟他們講授國文、淺顯的佛經。尤其一九四九年的時代，在新竹青草湖臺灣佛教講習會（佛學院）擔任教務主任，一面教學相長，一面服務行政，一面率領學生修持。邊學邊教，一個學期忙下來，應該消瘦不只七、八公斤，可見我對教學的熱忱和用心了。

後來到了宜蘭，我不會音樂，但我為大家做了許多歌詞，如：〈弘法者之歌〉、〈快皈投佛陀座下〉、〈西方〉、〈鐘聲〉、〈佛化婚禮祝歌〉等。我不懂文藝，只是稍懂一點文學，卻在宜蘭開起文藝班授課。也是有限的佛法，竟在那裡講經開座，弘法利生。

漸漸的，經常有各界人士來拜訪，見到我，教書的老師，談一些教育的經驗；商界人士跟我談經營買賣的過程；軍人來了，講一些軍中戰爭的情況；政治家也會說一些政治的人我是非……這是因為那個時候，正是大陸一些學者、專家、名流集中到臺灣來，他們也不容易找到對象談話，知道在宜蘭雷音寺小廟裡，有一個能與人對談的和尚，所以就來找我談論了。

我得到他們的教導，就和一名學生一樣，每天有很多的老師好像送上門來似的，教我學習百科全書。我就這樣跟著大眾學習，把社會當作學校，不要說「三人行必有我師焉」，可以說，任何人都可以做我的老師了。

這些學習讓我感到，眼睛像照相機，耳朵像收音機，鼻子好像偵察機，舌頭好像擴聲機，身和心的聯合作用，就可以隨機應變，人身也就好像是一部機器，在思想上可以自由運轉了。

從這些點點滴滴，我感到學習的不只是學問，而且是要具體地實踐。好比我最拿手的是煮飯菜，而參與最多的卻是建築，要建房子得先從搬磚、搬瓦、挑砂石、拌水泥等著手，必須實際去工作，而不是只在旁邊口說動嘴。

一九六七年的時候，因為一位初中畢業的木工，為我在高雄建設普門幼稚園的因緣，我就帶他一起到佛光山來開山。這位木工就是蕭頂順先生，他雖然只有初中畢業，但非常聰明伶俐。他和我都沒有學過建築，也不會畫圖，我們就在地上用樹枝比畫，討論要多高多長。就這樣，從開山初期到現在，幾十年佛光山的建設都是他們原班人馬，沒有換過。他自己家裡祖孫三代，後來也都在這裡一起參與建設。

我也因此跟著他們一起工作，從釘板模、綁鋼筋，甚至最早叢林學院的道路、龍亭、大雄寶殿丹墀，到後來靈山勝境廣場等，鋪設水泥的時候，還都是我和佛學院的學生們用鐵尺一格一格劃出來的。

至於典座做飯菜，那就等於一名小廚，一定要先從洗碗、洗盤，洗菜、切菜開始，然後才能動鍋動鏟，慢慢成為給人接受的廚師了。

我雖然沒有受過什麼教育，但是喜歡教育，也倡導教育。記得在二〇一五年一月，全臺灣一百七十多位大學校長到佛陀紀念館來開會，教育部指示我和全部的校長講話；接著我們的南華大學林聰明校長、佛光大學楊朝祥校長，也要我跟他們全校師生、幹部講話。我以自己的經歷，講述自學、自覺的學習過程。

自學是孔子的教學，所謂「學而時習之，不亦說乎」；自覺是佛陀的教法，所謂「自覺、覺他、覺行圓滿」。也是這些自學、自覺的經驗，成就了現在我的行事、我的思想、我的觀念、我的做人處事、我的舉一反三、我的理事圓融、我的僧信平等，甚至對於佛法妙理的體會，讓我的一生都感到非常受用。

◆人的一生，不但要抵抗外境的風雨，也要積極的開發自己；不斷開拓心中的能源，才能無憾的走完人生。學習六根互用的動員力，敢想、敢作、敢說，勇敢的活出自己，生命才有豐沛的創造力。

◆何謂自我學習？

眼要看，口要問；心要用，耳要聽；手要寫，腳要行；意要勤，念要明。

摘自〈佛光菜根譚〉

我是佛

禪門裡有這麼一段故事：

有一天，信徒問禪師：「什麼是佛？」

禪師十分為難地望著信徒，說道：「這，不可以告訴你，因為告訴你，你也不會相信！」

信徒說：「師父！您的話我怎敢不信！我是很誠懇地來向您問道的。」

禪師點點頭，說道：「好吧！你既然肯相信，我告訴你：你就是佛啊！」

信徒驚疑地大叫：「我是佛，我怎麼不知道呢？」

禪師說：「因為你不敢承擔啊！」

古往今來很多人不敢承認自己是「佛」，像法融禪師不敢坐在寫著「佛」的石頭上，道信禪師因而笑著說：「你還有『這個』在嗎？」慧忠國師有一次喊著：「佛啊！佛啊！」侍者四處張望之後，滿臉狐疑地望著國師，說：「這裡沒有佛，您在叫誰啊？」國師回答：「我就是在叫你啊！你為什麼不敢承擔呢？」

有一次，信徒向我索取一幅字，想要掛在客廳裡作為提醒自己的座右銘，我立刻濡墨展紙，寫著「我是佛」送給他，信徒立刻說：「我怎麼敢當？師父！這一張墨寶我可不敢要！」其實每一個人本來就是「佛」，佛陀在菩提樹下金剛座上悟道的那一刻，就說道：「奇哉！奇哉！大地眾生皆有佛性，只因顛倒妄想不能證得。」顛倒妄想其實也是幻化無自性的，只要我們向上提起「佛」的一念，如霜露般的顛倒妄想自會消融。

回想我這一生受益於「我是佛」這三個字的地方非常之多。記得我初入佛門的時候，想到自己應該做好一個佛教徒的樣子，所以我認真課誦，嚴守淨戒；後來想想這樣還不夠，我應該還要擔當佛陀的使者、佛教的法師，將真理的法音傳播給別人，所以認真研究經教，隨喜說法結緣；後來再過一些時候，我覺得做法師也是不夠的，我應該進一步做菩薩，發菩提心，行菩薩道，所以我要努力行人之所不能行，忍人之所不能忍。有一天，我突然想：「我豈止想做菩薩，為什麼不直下承擔我是佛呢？我應該行佛所行，為佛所為才對啊！」這樣一想，忽然間，心裡就豁然開朗了。

記得四十多年前剛來臺灣的時候，耶教當道，佛教地位低落，佛教徒無論是布教、出國都備受限制，從大陸播遷來臺的佛教僧侶三天兩頭被人盤查詢問，在這種無奈的情況下，許多同道另謀他路，一些信徒為了尋職的方便及身家的安全，也紛紛轉信他教，我告訴自己：「即使佛陀和我說大家都信耶教了，你也去信耶教吧！但我仍然要說：我是佛，怎麼可以去信耶教呢？」就這樣一句「我是佛」，在當年那種複雜的環境下，我憑著一股「雖千萬人，吾往矣」的決心，冒著被抓坐牢的危險，四處弘法，將正信佛教拓展開來。

不久，香港的大本法師捎了一封信給我，表示想到臺灣弘法，希望我能幫他的忙。那時要拿到一張從香港到臺灣的入境證簡直難如登天，而我一無各種人事關係，二無經濟來源，連住的地方都沒有下落，怎麼答應他的要求呢？但是想到他曾做過我的老師，而「我是佛」，理應恆順眾生，怎能拒絕別人？於是想盡一切方法，終於滿其所願。從此，我更相信「我是佛」這句話的力量實在是廣大無比。

經云：「是心作佛，是心是佛。」誠乃不虛之言也！佛陀的法力無邊，只要你願意學佛所行，就會產生力量，何況能真正發心成佛作祖呢？所以，我每次主持皈依典禮時，總是問大家：「你們是什麼？」台下的人都不敢作答。我告訴他們：「你們跟著我說：『我是佛』。」大家起初都很小聲地說：「我是佛。」我說：「太小聲了，不夠力量，你們再大聲一點，說：『我是佛』。」第二次，大家的聲音果然變得宏亮了。我接著說：「好，既然大家都已經承認自己是佛，那麼你們皈依典禮完畢回家的時候，夫妻就不能吵架，因為佛陀不會吵架；你們以後也不能吸菸，你們有看過佛祖叼著菸斗嗎？」大家聽了，都會心地笑了起來。因為承認「我是佛」，人人都做得到，然而大家萬萬沒想到，這麼簡單的方法，就可以產生這麼大的力量。

自覺是佛的無限力量

記得我年少時，喜歡蹦跳玩樂，有時候還藉著幾分自以為是的義氣，打架鬧事，但一出家之後，想到「我是佛」，行止怎麼能不莊重呢？所以每當走路的時候，我總是想到佛陀行化時候的威儀，自然目不斜視，肩不擺動；每當站立的時候，我總是想到佛陀頂天立地的聖容，自然收斂下巴，脊骨挺直；每當端坐的時候，我也總是想到佛陀各種端正的坐姿，自然就會正襟危坐；每當睡覺的時候，我總是想到佛陀吉祥臥的樣子，自然就會安詳入眠。許多人說我無論何時何地威儀都很好。我在心中暗暗想著：「我是佛，威儀怎能不好呢？」

不但行住坐臥如此，我的日常生活也因為「我是佛」這句話而有很大的轉變。每當沉思的時候，我想到是佛在沉思，一切的邪念妄想就會一排而空；每當自處的時候，我想到是佛在自處，所有的語默動靜都會導向正道。儒家所謂「不欺暗室」的工夫，用一念「我是佛」的想法就能辦到。日常的穿衣吃飯也莫不如此，一旦想到是「佛」在穿衣服，無論在人前人後，我都能夠保持威儀庠序；一旦想到是「佛」在吃飯，每一頓飯我都可以吃得安心，吃得自在。古德說：「五觀若明金易化，三心未了水難消。」過去在叢林裡，吃得都是沾滿鳥糞的豆腐渣、爬滿蛆蟲的蘿蔔乾，但是我卻從來沒生過病，我想這是因為我是用佛心來吃飯的緣故吧！

心中常存「我是佛」三個字，在待人處事上也可以產生很大的提示作用。每當和別人說話的時候，我想到是佛在說話，所以我要講慈悲的愛語，要講方便的智語；每當向大眾開示的時候，我想到是佛在開示，所以我要觀機逗教，處眾無畏；每當教誨頑劣的徒眾時，我想到是佛在教誨，所以我要循循善誘，耐煩開導；每當面對怯弱的眾生時，我想到是佛在面對他們，所以我要易地而處，給他們信心，給他們希望，雖然我還是一個凡夫，與「佛」的境界距離很遠，但因為心心念念都是「佛」，我彷彿蒙獲佛陀的加被，也彷彿得到了佛陀的力量。《法華經》云：「一稱南無佛，皆共成佛道。」誠信然也。

古德說：「取法乎上，不中，亦不遠矣！」小時候的作文課，老師要我們寫「我的志願」；及至長大，每一個人都有每一個人的職業。但，不管你是士、農、工、商也好，不管你是教、科、文、醫也罷，我們的自性是「佛」。如何激發我們自性佛的潛能來提升工作的品質，造福社會呢？如何善用我們自性佛的功用來發揮一己的力量，奉獻人群呢？我們必須要在心中建立一個觀念：「我是佛！」數年前，榮民總醫院的張燕大夫為我做完心臟動脈繞道手術之後，常常到病房來和我討論佛理。有一天，他和我說：「大師！其實是您在為我『開心』，過去我每天只能做一個病人的手術，現在我每天可以做二個病人的手術。」因為張醫師開發了自己的「佛」心，所以能早能晚，能忙能閒，因此我們只要時時肯定自己——「我是佛」，當然可以無所不能。

記得我初發慈悲心的時候，只想到盡量地為別人著想，卻經常感覺力有未逮，但是後來心中存有一念「我是佛」之後，即使是一隻小螞蟻，我不但不敢踏死，還要想辦法將它送到安全的地方，因為我覺得這是「佛」應該有的行為。一隻蚊子來咬我的時候，我不再像過去一樣舉起手往癢的地方拍去，因為我想到：「我是佛。我這一點點犧牲，不能用它珍貴的生命來補償。佛陀在因地修行時，尚且割肉餵鷹，捨身飼虎，我何人也？我也是『佛』啊！難道連這一點點修養都沒有嗎？」就這樣，我的慈悲心才感覺到一點一點地有了進步。

我在修忍耐的時候，最早忍飢、忍寒、忍熱、忍苦、忍痛……都還算容易，但是忍氣就很困難，常常因為忍不住一口氣，和別人發生衝突，事後懊悔不已，但是後來心中起了一念：「我是佛，我能起瞋心嗎？我能起無明火嗎？」忍耐的力量油然而生。漸漸地，我體會到「面上無瞋是供養，口中無瞋出妙香，心中無瞋無價寶，不斷不滅是真常」。這句話的妙意實在是無窮無盡。

一生之中，曾經好幾次遇到蠻不講理的人口出惡言，存心尋釁；也曾經遇到幾次有人欲加害於我，我念佛靜坐，安之若素，不知消弭了多少紛爭，事後有人說我默然擯置、閉目端坐的樣子，讓大家不得不敬而畏之。其實，這是因為我心中常念「我是佛」，是佛的威德加被，光照四方有以致之啊！

從出家到弘法，一甲子以上的歲月中，不知受過多少傷害、多少冤枉。起初，我心中也會不平：「我是如此地為人著想，如此地潔身自愛，為什麼會得到受傷害的後果？」但是後來想到「我是佛」，佛陀不也曾受過多少誣衊，像戰遮女的惡計、提婆達多的陷害、善覺王的問難，以及許多人隨他出家造成的誤解謠言等等，但是這所有的一切，反而更彰顯佛陀光風霽月般的品格。於是我學習佛陀坦然的態度，面對一波又一波的譏毀，走過人生的風風雨雨，多少年後，終於如曉日般破雲而出。

既然「我是佛」，十方諸佛都成為我的典範，所以我追隨佛陀行化人間的腳步，將佛教的種子散播到世界五大洲；我學習藥師琉璃光如來療治眾生疾病的精神，設立雲水醫院等設施，將愛心擴及醫療，帶到全省各個偏遠的角落，讓佛陀的慈悲遍滿人間；我效法阿彌陀佛接引眾生的方便，在全球各地建設美輪美奐的道場、美術館、茶坊、書坊……讓佛陀的光明普照大地；我發揚當來下生彌勒佛給人歡喜的理念，設立養老育幼、文化教育種種設施，讓佛陀的歡喜長存於世。

我不但自己得到「佛」的受用，我也鼓勵弟子們直下承擔，從寺院中走出來，從佛殿中走出來，到大街小巷，到高樓大廈，到機關行號，到山巔海濱，到工廠學校度化眾生，甚至我在世界各地組織佛光會，讓在家信眾從弟子做到講師，讓佛陀的法音得以處處宣流，讓生佛平等的思想得以落實人間。

心中有佛，成就一切

所以，當有人問我：信仰佛教會不會得到佛陀的感應時，我總是告訴他們：「人間到處都有感應，例如：喝水可以止渴，吃飯可以飽腹，按下電鈕開關，電就來了……這些都是日常生活的感應，你能夠肯定自己是佛，依照佛陀的教法去做，怎麼不會得到佛陀的感應呢？」如果你懂得其中的道理，學習佛的歡喜，你不但擁有了佛陀的歡喜，而且也成為一個「歡喜佛」；你學習佛陀的自在，你不但擁有了佛陀的自在，而且也成為一個「自在佛」；甚至你一整天都在實踐佛陀的慈悲喜捨，你當下就是「慈悲喜捨佛」了。如果你每天都在奉行佛陀的真理，你還怕得不到佛陀的消息嗎？

過去，一個學者問真觀禪師：「佛經裡面說：『情與無情，同圓種智。』這意思就是花草樹木都能成佛。請問禪師：花草樹木真的都能成佛嗎？」

真觀禪師回答道：「你掛念花草樹木能不能成佛，對你有什麼益處？你為什麼不關心自己能不能成佛呢？」

大地山河都是從我們自性中流露出來，一旦承認自己是佛了，花草樹木怎能不成佛呢？蘇東坡的一首詩偈說得很明白：「溪聲盡是廣長舌，山色無非清淨身，夜來八萬四千偈，他日如何舉似人？」世界周遭無不是佛陀示現說法，我們趕緊去領悟、傳播都來不及了，哪裡有時間去煩惱無明、閉關自了呢？

佛光山從早期大悲殿裡面的幾千尊佛像，到大雄寶殿的一萬四千八百尊佛像，甚至到大佛城接引大佛周遭四百八十尊與人等高的阿彌陀佛像……目的無非是希望大家在瞻仰佛陀的聖容時，激發心中本自具有的佛性，但愚人不明個中原因，反而瞋怪，還批評說：「佛光山的佛像都是水泥做的，是水泥文化。」我聽了十分訝異，為什麼我們多年來都只看到佛，沒有看到水泥；而他千里迢迢遠道而來，只看到水泥，沒有看到佛呢？這基本的關鍵在於心中有沒有「佛」的關係。

也有人問：「佛光山為什麼不請藝術家雕刻佛像？」我回答他：「我要用『佛心』雕刻的佛像。」記得過去一個藝術家拿了一尊佛像來，美則美矣，但斷臂缺手，令人一見不無遺憾之感，他告訴我：「這就是藝術。」我覺得藝術家或能容許殘缺之美，但信仰是圓滿的、莊嚴的，尤其佛陀的三十二相八十種好，在我心目中已經成為一種神聖的象徵，完美的典範，是怎樣也不能動搖的！古時候的人要雕刻一尊佛像或者要畫一幅佛像的時候，都有所謂「一刀三禮」、「一筆三禮」的儀式，經云：「佛道在恭敬中求。」心中有佛，才能塑造出圓滿莊嚴的佛像。

過去棲霞山的「千佛嶺」，傳說是由父、子、孫三代相繼雕刻而成，第三代的雕刻師雕到最後，再怎麼數都是九百九十九尊佛像。再雕，再數，也是九百九十九尊佛像。如是數次之後，他心中動了一念：「我就是佛啊！」於是把自己嵌在石壁上，成為第一千尊佛。姑且不論這個故事的虛實，但它觸動了我的心靈深處，讓我感動，久久不已。

「我是佛」，多麼美的境界啊！

記得有一次我應邀在電視上受訪，主持人李濤先生在節目最後幾分鐘，要我用一句話來告訴電視機前面的觀眾如何改善社會亂象，我說道：「心中有佛。」事後，許多人告訴我：「這句話言簡義賅，太好了！」

的確，如果一個人「心中有佛」，眼裡看到的必定都是佛的世界，耳朵聽到的必定都是佛的音聲，鼻中嗅到的必定都是佛的氣息，口裡所說的必定都是佛的語言，身體所做的事必定都是佛的事情，如果人人如此，這就是一個佛的世界，家庭怎能不幸福安樂呢？治安怎能不安全良好呢？國家怎能不富強康樂呢？

所以，讓我們每一個人從今天開始，都自我期許「我是佛」吧！

◆本文出自一九九九年《往事百語 5－我是佛》

◆學佛，要學得快樂灑脫，充滿法悅，
不要關閉自己，把自己阻隔於山河大地之間。
學佛，要學得心包太虛，量周沙界，
不要拒絕世間，把自己孤立於人群社會之外。

◆與佛眼相應，則能觀眾生之苦；

與佛口相應，則能說善妙之語；
與佛身相應，則能做不請之友；
與佛心相應，則能行利生之事。

摘自〈佛光菜根譚〉

我的新佛教運動

我是一個出生在農村、從小在鄉下長大的小孩，十歲之前未曾走出家門十里以外的地方，不但對世間事了解甚少，對佛教的情況更是一無所知。所幸十二歲時投入佛門，在寺院裡生活，不但空間比家中大得多，同住的人眾也總在數百人以上，因此感覺好像一下子走進另外一個世界一樣。只是寺院的規矩甚嚴，平時不但不准竄寮，也不許我們外出，更不可以嬉戲、遊樂。甚至我還被指定住在一間小房子裡，連天空都看不到，更別說室外發生的事情也是無從得悉；知識之淺陋，可想而知。不過所好的是，早晚的殿堂課誦、金碧輝煌的大雄寶殿，以及殿堂中間供著莊嚴的佛陀聖像，都啟發了我對佛教的信心。

起心動念

我是在金陵棲霞山剃度的，所謂「六朝聖地，千佛名藍」，只是我對這間古寺的地理、歷史與現狀，所知並不多，因為那個時候年齡實在太小，根本無法了解。

不過常住每年三月初三的春季香會，總要動員很多人出來幫忙灑掃環境、清理垃圾、引導信徒等等。在參與工作中，我看到來寺的紅男綠女，由於這時仍屬新春期間，還有過年的氣氛，大家無不穿紅戴綠，打扮得花枝招展。這讓我眼睛為之一亮，我發覺世間還有很多像天人一樣美麗的人。尤其從他們的笑容中，我感受到拜佛的人身上都散發著一股祥和、善良與朝氣。我突然有所感：佛教本來就應該像這樣，應該莊嚴、應該美麗、應該雄偉才對，而不是像我每天關在一間斗室裡，過著暗淡無光的歲月。

另外，來寺的信徒們為了表示虔誠，總會攜帶一些物品到大雄寶殿供佛。我無意間撿到他們包裝東西後丟棄的一張舊報紙，乍看之下，真是驚為天書。因為從舊報紙上，我以所識有限的幾個字，也讀懂了一些社會動態，這讓我眼界為之大開，看到了原來外面還有一個更寬廣的世界，原來社會上每天都有許許多多的活動在進行著。

此中尤其報導了全民催促蔣介石展開抗日行動，以及汪精衛在越南準備組織南京和平政府，號召中國青年要為國家奮鬥的消息。我雖然搞不懂誰是誰非，但報紙上呼籲年輕人要為國家犧牲奮鬥，讓我小小心靈忽然生起了「我也可以為佛教奮鬥犧牲」的念頭。

如今回想起來，一張舊報紙，以現代年輕人看來，沒有什麼了不起，但在當時卻是打開了我通向世界的一扇門窗。因為一張舊報紙，我的心靈覺醒了；因為一張舊報紙，我知道自己要「走出去」，要「與時俱進」，要替佛教做一些革新與奉獻。我想這時候「新佛教運動」的種子，已經悄悄的在我心中萌芽生根了，這大概也是我出家以來，對復興佛教最早的起心動念。

後來由於中日戰爭爆發，棲霞佛學院裡屬於師範學院所擁有的圖書散落在各處。這時我們顧不得寺院規矩如何，便四處去蒐集。因為參與搜羅的人多，撿拾回來的圖書多達幾大櫃，儼然就像一座小型的圖書館。

在同學當中，我是年齡最小的一個，平時在常住的寺務工作上，一個小沙彌根本派不上什麼大用場，常住的大執事於是指派我看守撿拾回來的圖書。所幸有了這個任務，讓我後來成為這所圖書館的管理員，並且得以飽覽群書。

記得我看的第一本書是《精忠岳傳》，對於書中的文字、意義，雖不能全數了解，但對岳飛的「精忠報國」，以及他的兒子岳雲「雙錘大鬧朱家鎮」，乃至他的女婿張憲，與岳飛同為抗金名將，最後卻一同被奸人所害。他們的愛國情操，他們所彰顯的英勇事蹟，都讓我看得興味盎然，情緒高漲。

可惜圖書館中關於這類的書籍所藏不多，其他像《萬有文庫》及西洋小說我都看不懂，因此就盡量挑一些民間的通俗小說來看，如《七俠五義》、《蕩寇志》、《封神榜》、《隋唐演義》、《儒林外史》、《老殘遊記》等。後來圖書館裡的書，只要我看得懂的，無不如飢似渴的大量閱讀，幾達廢寢忘食的地步。

一、二年後，我已經能讀懂《水滸傳》、《三國演義》、《西遊記》，以及《基度山恩仇記》、《少年維特的煩惱》、《格林童話集》等中外名著，這座簡陋的圖書館成了我的知識寶庫，從中我擁有了金玉滿堂。這時我還沒有學到佛法，但能看到這麼多趣味橫生的書籍，書中人物的忠勇事蹟影響我的人生至鉅。

後來，老師知道我喜歡看這許多小說，嚴厲禁止，他要我背誦五堂功課，要我研讀佛教書籍如《成唯識論》等。但因為佛學深奧難懂，找不到通俗易懂的教材可讀，反而是許多中國的文史作品引起我的閱讀興趣，也慢慢增加我的知識、啟發我的思想。

那個時候，佛教界慢慢也有了善書的印贈，諸如《安士全書》、《玉曆至寶鈔》，乃至《印光大師文鈔》等。雖然我也登記索取，但沒看，對我並未產生很大的影響力。倒是後來得到一部慈航法師的講演集，對於慈老愛教護教的熱誠，很受感動，認為值得學習。

另外，我從同學口中聽聞了太虛大師的名字，忽然生起跟隨之念，我想只要能為佛教奉獻，即使粉身碎骨也絕不懊悔。尤其在學院舉辦講演比賽時，聽同學們慷慨激昂的發表他們願為復興佛教而奮鬥的呼號，我不禁也跟著熱血沸騰，恨不得衝向前去參加一份。只是徒有熱情是不夠的，回到現實面來看，復興佛教的基地在哪裡呢？我不知道！復興佛教的領袖太虛大師遠在重慶，也是遙不可及。但是此時我心裡很清楚，「復興佛教」已經是我們不容逃避的課題，我的雙肩應該要做好擔負這份責任的準備。

這時候我還在焦山佛學院就讀，基本上我的知識很淺薄，不過有些熱情為佛教的同學，他們都是我的善知識，如智勇法師，他的文、史、哲、佛學都好，尤其寫得一手龍飛鳳舞的好字，可以比美書法大家。另外他還有一身的好武藝，而且性格豪邁，富有正義感，我當然想要追隨他，但因他的個性剛直，做朋友可以，卻不是我理想中的可追隨者。

不過，因為我們志趣相投，就聯絡了一些也有心為佛教奮鬥的同學，如：介如、慎如、普蓮、實權、能培、松風、松泉、惟春等，大家雖然分散在各處，但因志同道合，因此時相以書信往來，互相唱和。

曖曖含光

就在這時候，我忽然覺得在佛學院裡讀書無法一展抱負，因此萌念離開，想到更有挑戰性的地方去創造未來。因此我毅然放下學業，放下《江蘇日報》文藝副刊的編輯一職，向師父要求回到祖庭去。

本來家師並不喜歡我，他覺得我愛向傳統挑戰，喜歡與傳統抗衡，但一聽說我想回祖庭，卻表現得無比欣喜，特地要我到南京，他要親自送我回祖庭。

我出家將近十年了，抗日都已勝利，但我還不曾回過祖庭大覺寺。然而我心所嚮往的祖庭也不是天堂，只不過是簡陋鄉村的一間破舊小寺而已。平時由師兄今觀法師領導四、五個工人從事農耕作務。由於過去我在棲霞律學院，曾經有一位老師跟我們上過「農民學」，我對農業經營有一些概念，所以看到祖庭兩百多畝的地，我想，我們可以用現代化的農場模式來經營。

當我正準備規畫未來的時候，因緣真巧，這時候已即將過年，有一位任志鵬先生得知師父回寺，特地來拜年。他一看到我，聽說我是從南京讀過佛學院回來的，就叫我擔任離寺不遠的一所國民小學校長。

坦白講，我從小別說從未進過正式的學堂讀書，甚至連小學都沒有見過，怎麼能當校長呢？但是當下我並未推辭，我想自己總可以「做中學」。尤其此期我的新佛教理想是：自己要能自耕自食，並且還要能福利社會！我想到，有了農場，就能生產，福利社會；有了學校，就可以教化社會，對社會展開基礎教育，如此對佛教、社會都有貢獻，這樣的出家生活就有了意義，就有了目標，所以我欣然接受。

然而雖說自己從小生長在農家，對農耕生活略有記憶，但對於辦理小學，卻是所知不多。儘管過去在焦山佛學院就讀時，因常住辦有三所義務小學，每學期都會派學長出去見習教學；另外上海的南祥小學也一直希望有出家眾前去擔任助教。我雖然始終沒有獲得前往這幾所學校見習的機會，但心裡一直在醞釀，因此略有概念。

不過，光有理念、沒有實務經驗也是不夠的，所以接受之後，只剩一個月就要開學了，我只好緊急請在上海、南京的朋友，提供給我一些關於「如何做個小學老師」、「如何擔任校長」的工具書。我得到朋友寄來的相關書籍，認真的閱讀、研究，一個月後我就上任當起校長來了。

這時師父已經回到棲霞山，隨著學校開課，苦難也來了，因為左近的學校經常舉辦國語、說話、作文、美術等各種比賽，紛紛來函要我們派人前去參加。我自己都還在學習中，哪裡能懂得那麼多的比賽？這還不打緊，這時國共內戰爆發，白天國民黨的軍隊武裝整齊，前來要我幫忙剿共；夜晚共產黨的解放軍來了，要我提供國民黨駐紮的情報。可憐的我，初來乍到，對於偏僻鄉村的道路都還沒搞清楚，也還不認識什麼國民黨、共產黨，不過我心裡很明白，這是很嚴肅的問題，一不小心就會送了小命。

雖然我自己意識到事態嚴重，知道要謹慎應付，但周遭還是不時傳來有人被暗殺死亡的消息，甚至在各地的同學、朋友，如松風、松泉在上海被逮捕，實權也在青埔被抓，罪名都是利用貼壁報、寫標語弘揚佛法。至於逮捕他們的是國民黨或共產黨，也都搞不清楚。

這時候智勇法師仗義前來學校，給我打氣，並且幫助我編《怒濤》月刊，因為我們感於佛教太守舊，一些佛教人士思想頑固、執著、鄉愿，我們希望透過辦雜誌，能借助文字的力量來改革佛教，為新佛教的理想大發獅子吼。因此當《怒濤》一出刊之後，就如「洪水猛獸」一般，大大的震驚了佛教界。

好在那時我們是在宜興偏遠地區，不至於招來佛教人士的攻擊，但是戰爭帶給我們這一代青年的苦難，卻是紛至沓來。我的許多同學在各地被捕、被打、被刑罰，但是我知道，我們彼此是誰也救不了誰。甚至有一天，半夜之中有幾十個大男人，拿著長槍短刀對著我，我也被捕了。至於是什麼人抓我的，不敢詢問，也不能有什麼動作，只是眼看著一起被捕的同伴當中，今天被帶出去槍斃二個，明天又有三個被砍頭。好在我有一個可愛的師兄，他花錢買通獄方人士救了我，才能免於一死。但這時我做了一年多的小學校長，眼看著實在做不下去了，只好跟智勇法師商量，一起回到南京。

於是囊空如洗的我們，只有帶著幾本才發行十幾期的《怒濤》月刊，踏上了往南京的道路。所幸天無絕人之路，有一位南京華藏寺的退居蔭雲和尚，由於他的繼任者生活不知檢點，把一個曾經擁有學校、書店、水廠的大規模寺廟揮霍殆盡，土地變賣到所剩無幾。蔭雲和尚於是找我們去負責，我們也正在走投無路，便欣然前往。

我與智勇法師商量，誰做住持，誰任監院？智勇法師說我身材比他高大，比較像住持；我說您的學歷、能力超過我許多，您才像個住持。最後約定名分不計，兩人共治華藏寺，把這裡當作推動新佛教的基地，一時能培、惟春、淨山都從各地前來，實權也從普陀山趕來聚會。

但是，大家聚集以後，發現一個嚴重問題，華藏寺已住有二十幾位住眾，他們以經懺為業，儘管我們言明互相尊重，互不干涉，但這群僧眾除了念經拜懺以外，經常不做早晚課，有的連佛殿在哪裡都不知道，有時候甚至夜不回寺，平時在房間裡更是喧譁唱歌，並且帶回一些軍人、警察等，男男女女來往不斷，進出複雜，整個寺院簡直像個大雜院。

我們一群熱血僧青年，當然看不慣這種生活，迫不及待的要為寺院樹立新風氣，於是訂定僧伽規約。例如：所有住寺的人必須做早晚課；社會、寺廟有別，非僧眾不可安單寺院；三餐不准自製飲食、不准從外面購買食物回寺，一切由常住供應；進出山門必須經過請假；每個月的單銀、嚫錢，只給一半，另一半由常住代為儲存，將來離寺時再發還帶走……

新生活規約發表以後，起初並沒有引起他們的抗議，他們也知道我們是一群有著新佛教思想的人。但時日一久，抗爭的行為還是難免。於是我們就以寺中經濟困難為由，每天只吃稀飯，希望讓他們吃不習慣而自動離開。

這時正逢徐蚌會戰失利，南京戰局不穩，過去暫住寺院的軍人眷屬紛紛撤離，前往四川、廣州、臺灣等地。但是他們臨走之前又把房間廉價出賣給後來者，我們一群革新派的正愁房間不夠用，就阻止他們不當的行為。但寺裡數十名經懺派的一致站在他們這一邊，替他們搬家、通風報信，寺中就分成新僧與舊僧兩派，一所寺廟已不像個寺廟，每天警察、憲兵川流不息，黑白兩道在裡面公然活動，我們所依賴的政府自顧不暇，哪有力量來保護我們？所以注定我們的新佛教運動必然要遭到失敗的命運。

後來國共協商，傅作義在北京主持和談會議，我們以為有了一線希望。但是和談破裂，這時智勇法師花了幾個月召集的「僧侶救護隊」正想付諸行動，誰知他忽然打退堂鼓，我只有毅然出面，接下任務，但也不知道如何善後，就求救於師父。師父說：你們要救護傷亡，必須經過軍隊訓練！於是便委託孫立人將軍幫助我們，我們因而得以順利成行到臺灣。

萍飄蓬轉

就這樣，一九四九年的春天，在一個寒風細雨的日子裡，我從南京搭乘京滬線火車到上海，由黃浦江乘船到臺灣。在船上搖呀搖的，但是臺灣究竟在哪裡？我不熟悉，甚至直到在基隆港上了岸，我還完全不知道即將面對的是一個什麼樣的情況。

不過，既然已經到了臺灣，對臺灣的佛教界也不能不做一些了解。據我所知，臺灣的佛教是在鄭成功光復臺灣前後，由閩南僧侶到臺灣開創的。根據統計，在有清一代，臺灣境內的純佛教寺院有一百多所，此中以創建於一六六二年的臺南竹溪寺歷史最悠久，是臺灣最早的佛寺，與開元寺、法華寺並稱為當時臺灣的三大名剎。後來清末到日據時代，整個臺灣佛教以福州湧泉寺的僧侶為主流，他們發展出大崗山、觀音山、大湖山、月眉山等四大派系，都是仿效大陸的寺院建築，也是臺灣初期頗具規模的道場。

早期的臺灣佛教出家眾不多，受過教育的為數也少，但大家都是持戒嚴謹的本分出家人。只是後來臺灣割讓給日本，慢慢的有些臺灣人士改當日本和尚，有的人轉而信仰日本佛教，如日本的東海夷成在南部廣結善緣，為日本佛教攝受了不少臺灣佛教信徒。當時也有一些臺灣人反日，如余清芳、羅俊、江定等人，他們結合宗教信仰的力量，大舉進行抗日行動，史稱「西來庵事件」，雖然死傷慘烈，犧牲很大，但也因此掀起一股極大的抗日風潮。

終於對日抗戰結束，臺灣光復了，中國的和尚紛紛到臺灣，如大醒、南亭、慈航、東初、章嘉活佛、白聖等，乃至後來我們僧侶救護隊的數十名年輕人也一擁而來，最初大家投靠無門，後來為了生存，只有各奔前程，各自尋找安身之處了。

我在僧侶救護隊紛紛離散之後，心想自己也得找一個棲身之處，這時在臺中寶覺寺擔任監院的大同法師是我的學長，因此想去投靠他。但是當我到達臺中時，他已經因為被指有匪諜之嫌而遠赴香港了。之後我找過白聖、大醒、慈航法師等人，但都因緣不具。

後來到了中壢圓光寺，遇到妙果老和尚，他不失為臺灣佛教界的一位長者，滿面笑容，滿口和氣，承他收留我，我就這樣跟隨了他。但因為我沒有臺灣的入境證，無法報戶口，所幸吳伯雄先生的尊翁吳鴻麟老先生，當時是臺灣省參議會的參議員，也是警民協會的會長，由他出面具保，幫我報了戶口，我因此得以在臺灣立足，所以我和吳伯雄一家世代就這樣結了深厚的因緣。

如果沒有當時這一段因緣，真不知道自己現在會在世界上的哪個角落飄泊，或者在陰間的哪個閻羅殿裡往來。

我住在圓光寺，每天忙於打掃環境、清洗廁所、司水、採購等，以勞役作務來服務大眾，終能獲得暫時的安頓。只是妙果老和尚雖然讓我生活無憂，卻不能保障我安全無虞。因為陳辭修先生主持的臺灣省政府，有一天忽然下令，全面逮捕由大陸到臺灣的出家人，慈航、律航法師等人都因此入獄，我也被關了二十三天，這也是我人生中的第二次牢獄之災。

由於我被警察逮捕，因此才剛編了一期的《覺群》雜誌就此夭折了。《覺群》是上海市佛教會所發行，旨在宣揚太虛大師革新佛教的思想，後來祕書大同法師把它帶到臺灣，一時無人編輯，就由我上陣主編，沒想到才編了一期就無疾而終。

說到太虛大師，當一九四五年對日抗戰勝利後，太虛大師隨政府還都南京，在焦山舉辦「中國佛教會會務人員訓練班」。當時我有幸參加，躬逢其盛，知道佛教要革新，應該從佛教會開始整頓起。而這時中國佛教整理委員會也預備在南京成立第一屆大會，擬推選太虛大師擔任會長。只是很不幸的，太虛大師竟在這個時候於上海圓寂，消息傳來，我感到「人天眼滅」，好像佛教的末法時代來臨一般，覺得世界暗淡無光。

本來我覺得太虛大師有條件當領袖，我也願意追隨他，沒想到忽然之間希望幻滅，因此多日裡我茶不飲，飯不思，整個人失魂落魄，真是「如喪考妣」一般。後來覺得佛教也不能只靠太虛大師一人，便把希望轉寄到在斯里蘭卡大學教書的法舫法師身上。

當時我已經到了臺灣，雖然並不認識法舫法師，但憑著一點熱情，我不斷的以函電催請他到臺灣，希望他能擔任中國佛教會的會長，由他來挽救佛教。然而遺憾的是，不久之後聽說他被人暗殺了，死在教室的走廊上。其時我人在中壢圓光寺，得知消息，又再一次感到如天崩地裂一般，三天裡粒米未進，鬱鬱寡歡，自己躲在一個小房間裡哭泣，我為佛教今後不知道要靠誰來領導而感到憂傷。

法舫法師出身閩南及武昌佛學院，留學過印度，是太虛大師座下第一弟子。他的驟然去世，給我感覺就如過去皇朝時代找不到繼承人一樣，覺得是佛教的一大不幸。

而當時的臺灣佛教界，除了慈航法師有新意、東初法師有理想之外，其他大都是佛教的保守派。尤其這時臺灣的神道教盛行，很多人根本分不清神與佛，平時只知道拜媽祖、王爺，根本不知道佛是何名，教是何義！

因此，當我出獄之後，所謂「江山易改，本性難移」，我仍然不改原有的志向，繼續編輯雜誌，並且寫文章投稿到各報章雜誌，也為電台撰寫廣播稿。尤其一九五〇年，妙果老和尚擔任新竹佛教會理事長，管轄桃、竹、苗三區的佛教事務。當時整個臺灣佛教界幾乎找不到一個會寫公文的人，妙果老和尚要我擔任他的祕書，後來又奉他指示，住到苗栗的山林裡，在深山野外與竹林為伍，整整三個月之久。

這時臺灣民間盛行「拜拜」，政府當局未能深入了解民情，只是一味的嚴格取締拜拜。對此我期期以為不可，因為拜拜不僅是民間信仰的基礎，也是過去農業社會遺留下來的風俗，許多人利用這一天的集會慶祝，互相聯誼，藉以擺脫工作壓力，使身心得到紓解，自有其存在價值。

再說，當時一些高官大員，他們上舞廳跳舞、喝酒、玩樂，這跟「拜拜」有什麼不同？民間拜拜的風俗雖然不符道德建設的範疇，不是純正的宗教信仰，但是一次拜拜過後，人民可以為了明年，甚至為了來生更幸福而辛勤努力；如今只准高官吃喝，不准百姓拜拜，我深感不以為然，所以為文呼籲，建請以「改良」來代替「取締」拜拜。這個提議承蒙主政當局接受，我想對於促進社會的和諧、進步，也不無貢獻。

另外，京劇名伶顧正秋女士，她主演的戲劇有辱佛教，我在雜誌上發表文章衛教；臺大的林曉峰先生譏評佛教是神道教，我也為文駁斥。甚至當時社會上常有一些人批評佛教是消極、出世、不事生產等不符事實的毀謗，我也經常跟他們打筆戰。我總是盡己所能的透過文字來弘揚佛法、護持佛教。

直到一九五一年，我應大醒法師之邀，到新竹講習會擔任教務主任。為了加強講習會的師資陣容，我邀請中國石油公司苗栗出礦坑研究所的幾位科學家，如李恆鉞、程道腴、許巍文等大學教授，利用週日到講習會上課。我和這些知識分子因此相交往來，故而得以涉獵到一些現代的科學知識。甚至當中有一位新竹師範學校的關凱圖老師，到講習會教授理化和歷史。授課之暇，他教了我六個月的日文文法；因為這個因緣，後來我把日本森下大圓教授所著的《觀世音菩薩普門品講話》翻譯成中文。

除了教書、寫作之外，在當時的大環境，事實上也不容許我們有多大作為。據說在我掛單中壢圓光寺期間，每天上街採購都有人跟蹤；後來我到新竹，偶爾外出弘法，也必須事先到派出所報告、備案。基本上，來自政治的壓力，讓佛教毫無喘息的空間，很多由大陸來臺的優秀出家人，不得不被迫還俗，另謀出路，甚至更多人最後投靠香港的豐道山，這是基督教成立、專門用來吸收佛教僧侶的機構。

當時佛教的社會地位低落，出家人不受尊重，一般商家只要見到出家人，總認為是來化緣的，都是說：「老闆不在家！」出家人在社會上難以立足，到處被人瞧不起；我們眼看著佛教的處境堪虞，內心的苦悶無處宣泄，真不知伊于胡底，哪裡還能對新佛教有什麼想法呢？

所幸這種情況到了一九五二年冬、一九五三年春，我應邀到宜蘭雷音寺弘法時，終於開始有了轉機。當時雖然政治氛圍依舊濃厚，佛教的發展仍屬嚴冬季節，不過我的新佛教運動總算有了伸展的空間。

枯木逢春

初到宜蘭時，我除了每期為《覺群》與《菩提樹》雜誌各寫二篇文章以外，其他大部分時間都是應邀到臺中、雲林、虎尾、嘉義等地的城隍廟、媽祖宮布教。後來慢慢的，我透過成立國語補習班、文藝寫作班、青年團、組織佛教歌詠隊等方式，接引了一批有理念、有熱情的年輕人到雷音寺學佛，如心平、慈莊、慈惠、慈容、慈嘉等，他們跟著我下鄉弘法，到電台、監獄布教，以及成立佛教文化服務處等。後來他們甚至出家，幫我創建佛光山，並在佛光山「以教育培養人才、以文化弘揚佛法、以慈善福利社會、以共修淨化人心」的四大宗旨下，辦理佛教學院、重編大藏經、出版各種佛書，以及從事養老、育幼、恤貧、醫療、賑災等慈善工作，開始推動各種弘法事業，舉辦各種弘法活動。

當時我的想法是：佛教一定要創辦各種事業，有事業才能接引青年進入佛門，才能留住人才；有了人才，佛教才能發展，才能福利社會，才能得到社會的認同。所以我喊出「佛教需要青年，青年需要佛教」的口號，我認為彼此是相需相成的。

果真，這批優秀的青年並沒有辜負我的期望，他們加入佛教的弘法行列，成為佛教的中堅幹部後，志氣昂揚的跟著我展開各種弘法活動，大大的拓展了弘法空間，並且接引越來越多的社會人士信仰佛教。慢慢的，有了廣大的信眾作為後盾，我的新佛教運動終於得以一步一步的實現，終於能夠逐步改革舊有佛教的陋習，而讓佛教走上年輕化、知識化、現代化、人間化，甚至成為國際化的佛教。

只是這個過程說似簡單，實行起來卻是阻礙重重，例如最初我主張佛法要下鄉去，要讓佛教走入工廠、學校、機關團體，因此經常帶領青年到街頭布教、到鄉村弘法。當時舉凡媽祖宮、城隍廟的廣場，以及鄉下人家的晒穀場，我們只要把汽油桶往場中一擺，上面放二塊木板，就是弘法的舞台。

但是這麼單純的布教活動，卻經常遭到警察的阻撓，以及教界的杯葛，可以說每回出外布教一次都不容易，不但要跟警察捉迷藏，還要排除種種障礙，因此每次弘法前，團員們開著廣播車到街上宣傳，我聽到他們熱情的呼著口號：「咱們的佛教來了！」都會從內心裡湧現一股莫名的感動。

在當時的客觀環境，一方面因為政府實施戒嚴，加上基督教的打壓，佛教的弘傳空間可以說是微乎其微，但是為了新佛教的實現，也只能一一去突破。例如，最初我想在電視台製播弘法節目，卻因當局一句「和尚不能上電視」而夭折。可是我並未因此而氣餒，我相信「只要有佛法，就會有辦法」，於是幾經再接再厲，最後終於在一九七九年首開電視弘法之先河，於中華電視台製播了佛教史上第一個電視弘法節目《甘露》。

之後，又陸續在中國電視公司及臺灣電視公司，製作《信心門》、《星雲禪話》、《星雲法語》、《星雲說偈》等節目。我不但成為第一位進入電視台弘法的出家人，而且打破當時三台的默契，首開遊走三家無線電視台製播節目的紀錄。後來佛教界紛紛跟進，利用電視弘法，直到現在，海內外的各電視台都有佛教的節目播出。

其實，不僅電視弘法的路一路走來辛苦，校園弘法也是幾經努力才得以突破封鎖。記得一九五五年，我應臺灣大學之邀準備前往講演，但是到了當天卻臨時被通知：講演取消！理由是：佛教不可以進入大學校園！

但是我也沒有因此灰心喪志，我轉而邀請日本的水野弘元教授到臺灣各校園上課，並且陸續到各大學成立佛學社團等。經過我以各種權巧方便來排除各種阻力後，時至今日，不但臺灣的各大學經常邀請我到校講演，乃至世界各大名校，如美國的康乃爾、耶魯、哈佛、柏克萊、夏威夷、加州等大學，以及新加坡國立大學、義安理工學院，澳洲黃金海岸邦德大學，香港中文、理工大學等，都曾受邀前往講學。一九八九年我到大陸弘法探親，更曾應邀在北京大學公開講演，成為在共產國家講學的第一個出家比丘。

另外，在當年同樣屬於佛教禁地的軍區，在郝柏村先生擔任參謀總長任內，便曾邀請我到軍中布教，不但掀起一股軍人學佛的熱潮。尤其一九八八年起，我更陸續應邀到金門、馬祖主持佛學講座及皈依典禮。之後又受國防部之邀，在一個月內，連續巡迴海陸空三軍官校和憲兵部隊、軍事院校、管訓中心等單位弘法，足跡踏遍臺灣本島及金門、馬祖、東沙群島、澎湖、綠島、蘭嶼、小琉球等地。一路上更承軍方禮遇，讓我搭乘各種軍車、軍機、軍艦。想我一介和尚，竟能獲此殊榮，這都是仗佛光明，也可見佛法的尊貴。

為了弘傳佛教，普及佛法，我不但首開電視、學校、軍中布教之先例，甚至到監獄舉辦短期出家修道會。此外，並針對社會各種不同的對象，舉辦各種活動，開辦各種課程，諸如成立兒童班、婦女法座會、青年會等，同時舉辦大專、兒童、老人、教師等各種夏令營，以及創辦「人間衛視」，發行《人間福報》，設立「佛光緣美術館」及「佛光緣滴水坊」，乃至舉辦「世界佛學會考」，鼓勵讀書，打造書香社會。尤其首創「素齋談禪」，藉著餐會談法論道，數年來也度化了不少社會人士學佛。

大破大立

我在創辦各種佛教事業、舉辦各種弘法活動的同時，也針對佛教的一些陋習，一一加以改革。首先我感於佛教最大的弊端，就是沒有制度，佛教徒像一盤散沙，彼此各自為政，不但服裝不統一，出家、剃度、傳戒、教育等也都沒有嚴密的制度，因而弊病叢生。

有鑑於此，我在一九六七年開創佛光山的同時，就恪遵佛制，根據「六和敬」的戒律和叢林清規，著手為佛光山訂定各項組織章程，建立各種制度，包括人事管理方面，我訂定「序列有等級、獎懲有制度、職務有調動」，以及「集體創作、制度領導、非佛不作、唯法所依」的運作準則。

我從早期太虛大師提出的「三革」：教制、教產、教義改革，以及印光大師的

「三濫」：濫傳戒法、濫收徒弟、濫掛海單，了解佛教的一些現象，也有了革新佛教的理念，所以建設佛光山之後，我撰寫一系列的〈怎樣做個佛光人〉，並提出「不違期剃染，不夜宿俗家，不共財往來，不染汙僧倫，不私收徒眾，不私蓄金錢，不私建道場，不私交信者，不私自募化，不私自請託，不私置產業，不私造飲食」等十二條門規，作為佛光山徒眾的行事準則，並且隨著佛光山的發展，陸續制定「師姑制度」、「教士制度」、「員工制度」、「親屬制度」等。

除了制定規矩、制度之外，我覺得這樣還不夠，佛教應該從消極的「否定」到積極的「肯定」，從「不可」到主動的「給」，所以又提出「給人信心、給人歡喜、給人希望，給人方便」，作為佛光人的工作信條。

我覺得佛教要從「四攝法」、從「給」來接引信徒，從建設各項事業來發展佛教，因此早期從印度到佛光山參學的桑加仙達法師，在學成回印度弘法後，佛光山特別到印度為他們修築道路、裝設水管、創建女眾道場等。另外有一些男眾在家居士，他們從佛光山學道後回印度開設旅行社，生意十分興隆，事業都發展得相當成功。佛光山造就他們，並不希望得到他們任何的回饋，只希望能對印度佛教的再興有所幫助。

此外，我也曾幾次到拉達克弘法，在那高海拔的地方，雖因罹患高山症，連講話都喘不過氣來，但為了弘揚佛法，我還是在那裡停留數日，每天行程排得滿滿的，不但跟他們說法，還為他們皈依三寶等。現在有很多拉達克的青年到佛光山就讀佛學院，都是那時播下的種子。

我覺得教育、文化是佛教的根本，重視文教才能提升佛教，所以佛光山在國內外，先後創辦了西來、南華、佛光，以及在澳洲籌建中的南天大學之外，同時發行《人間福報》、開設「人間衛視」、成立「佛光文化公司」等，乃至養老育幼、恤貧救急等慈善事業也不偏廢，透過各種弘法活動及佛教事業的推展，慢慢讓佛教走入人群、走進家庭、走向人間、走上國際，這就是所謂的「人間佛教」。

過去的佛教只有在寺院而已，現在佛教能普及到家庭、社會、生活中，這都要歸於「人間佛教」的提倡。「人間佛教」就是要與生活結合，要利益大眾，要能給人受用；佛教要走向社會，便要從事生產，所以我主張出家人要有三張執照，也就是至少要具備三種專長，包括住持、當家、策畫、行政、說法、寫作、建築、駕駛、電腦等。尤其住持不能做一輩子，要交棒，要世代交替，所以我在一九八五年從佛光山住持退位，傳法給心平法師，就是想為佛教民主化樹立典範。

另外，我看到過去佛教界各寺院之間常有互相爭搶信徒的現象，乃至有的廟產被在家信眾把持，所以提出「把信徒還給佛教，把寺產歸還教會」的主張。我認為信徒皈依不是拜師父，而是皈依佛法僧三寶，成為正信佛弟子，所以舉行皈依典禮是為佛教增加信徒，而不是替個人收徒弟。

甚至我看到有些寺院裡，師兄弟各自收徒納眾，導致徒弟為了各護其師，因而爭端迭起；為了避免教團的分裂，我主張「所有出家人都是師父」，因此在佛光山，所有第二代僧眾都是第三代的師父，所以沒有師父、師伯、師叔之別，也就不會有分門別派的情形發生。

在佛光山，我尤其提倡「男女平等」，反對「八敬法」。我看到今日一些受過高等教育的優秀女眾，常礙於「八敬法」而不敢進入佛門，實在是佛教的一大損失。為了提升比丘尼的地位，我特地讓佛光山第一代的女眾慈莊、慈惠、慈容、慈怡、慈嘉、依空、依嚴、依淳、達和法師等人主編《佛光大辭典》。這套歷經十年完成，被喻為「佛教百科全書」的大辭典，是研究佛學的最佳工具書，一九八九年曾榮獲國家優良圖書「金鼎獎」，尤其在兩岸開始交流時，中國佛教協會會長趙樸初居士，第一個就跟我要《佛光大辭典》在大陸發行的版權，可見佛教界對這套書的看重。

另外，第二代的如常法師現在正著手編輯《世界佛教美術圖典》，這是為了便於讀者了解世界佛教美術之全貌而編輯。全書按美術學科分類，計有建築、石窟、雕塑、繪畫、書法篆刻、工藝、人物等二十冊，每冊約有五十萬字。內容有收錄自世界五大洲的二萬多張圖片，以及詞條一萬條以上，採用中英文解說一文一圖或多圖的形式編排，必要時並加上輔助圖片予以說明，是一部研究世界佛教美術的最佳寶典。

我不但提倡「男女平等」，而且主張「四眾共有」，因此在一九九一年創辦「國際佛光會中華總會」，翌年「國際佛光會世界總會」在美國成立，從此為廣大的在家信眾提供了一個為佛教奉獻的舞台。

尤其我為佛光會建立「檀講師」制度，可以說是佛教的一大改革與創新。因為過去佛教都只樹立出家人的權威，在家信眾永遠只能當弟子。但我認為，佛法的弘揚應該僧信二眾大家一起來，佛教並非僧眾所專有，尤其中國有大乘佛教的性格，大乘佛教的四大菩薩，除了地藏菩薩現出家相以外，觀音、文殊、普賢都是在家相，甚至維摩居士、勝鬘夫人等都能說法，為何現在的信徒不能弘法？為什麼他們不能當維摩居士呢？難怪《維摩經》不能普遍通行。因此，我在創建佛光山僧團之後，就亟思成立佛光會教團，希望兩者能如「車之雙輪、鳥之雙翼」，並行不悖的弘揚佛教。

除此之外，我改革寺院建築，不但有大殿供信徒拜佛，還增設客堂、會議室、談話室、圖書館，甚至研究室、電腦教室等，臺灣的第一間講堂「雷音寺」，就是我所創建的。

我感於佛教徒平時只知道念經，卻不懂得要讀經、講經，因此把過去一年三百六十五天，天天只念〈楞嚴咒〉的傳統早課內容，改成一天誦一部經，之後再花二小時，輪流由一個人主講，如此一來，一年不就可以研讀一千部經典了嗎？

我對寺院儀制的改良，還包括延後早課時間，以及把水陸內壇佛事一律改在白天進行，乃至開會唱「三寶頌」、三餐念「四句偈」等。尤其我一生致力於三寶節的推動，也就是訂定農曆四月八日為「佛誕節」、七月十五日為「僧寶節」、十二月八日為「法寶節」。

甚至為了建請政府明訂佛誕節為國定假日，幾經聯合教界努力奔走，終於在一九九九年，經立法院通過，並由當時的總統李登輝先生正式宣布。十年後，也就是二〇〇九年的五月十日，國際佛光會更在總統府前的凱達格蘭大道，舉辦「國定佛誕節暨母親節慶祝大會」，當天有十萬人參加，總統馬英九先生親臨現場致詞，此舉可以說再度為佛教的歷史，寫下了一個新的里程碑。

此外，我發現過去佛教都很重視「五明」，但現在的佛教只能「以佛法解釋佛法」，而不能弘通應世。我想，如果能以世間法來融合佛法，不是更好嗎？所以主張改良論文寫作方式，並提倡佛教藝文化。雖然我自己並不具備撰寫文藝小說的條件，但為了弘法，不得已只有用白話散文體，把偉大佛陀的行誼寫成《釋迦牟尼佛傳》；我以物語的筆法，把自己化身為大鐘、木魚、海青、袈裟等，寫出《無聲息的歌唱》

等。

除了散文，我還以自己的名字「星雲」，寫了一首新詩：

夜晚，我愛天空點點明星，
白天，我愛天空飄飄白雲；
無論什麼夜晚，天空總會出現了星；
無論什麼白天，天空總會飄浮著雲。
星不怕黑暗，雲不怕天陰；
點點的星，能擴大了人生；
片片的雲，能象徵著自由。
花兒雖好，但不能常開；
月兒雖美，但不能常圓。
惟有星呀！則嬌姿常豔，萬古長新；
藍天雖青！但不會長現，
太陽雖暖，但不能自由。
惟有雲呀！則萬山不能阻隔，任意飄遊，

夜晚，有美麗的星星，白天，有飄動的白雲。

我首開在「大座講經」中安排獻供、節目表演等內容，希望達到「解行並重」的效果。乃至「偈語教唱」、「說唱弘法」等，都是希望呈現多樣化的風貌，以接引不同層面的信徒。

我推動佛誕餐、製作佛誕卡、舉辦佛誕節花車遊行、發行佛教小叢書、組織佛教歌詠隊、錄製佛教音樂唱片、推動佛教紀念品等。當年一串小小的念珠，曾在臺灣流通幾千、幾萬條，乃至一張小佛卡、一尊小佛像，都把佛教帶到社會，帶到家庭，帶到每個人心裡去。

佛法在人間

為了弘揚人間佛教，為了實現我的新佛教理想，多年來我不但走遍臺灣及所有離島，甚至遍及五大洲，即連非洲的史瓦濟蘭我也曾經去過。承蒙天下文化遠見事業群創辦人高希均教授謬讚說：「星雲大師的一生，改革了佛教、改善了人心、改變了世界。」其實我只是希望學習佛陀，替佛陀把佛法弘遍五大洲，所以曾自許「心懷度眾慈悲願，身似法海不繫舟，問我生平何所求，佛光普照五大洲」。

如今走過一甲子的出家歲月，幸能完成「弘化五大洲」的心願，回首自己在十二歲出家之後，就一直想要革新佛教，至於為什麼要革新？甚至怎樣革新？坦白說，我並不知道！我也不懂。但總覺得有機會出家，就要好好弘揚佛法，對於佛教的一些陋習、弊端，凡有礙佛教發展的問題，就應該一一改革。所以綜合多年來所做，我的確在制度、教育、文化、弘法、觀念、儀軌、事業等方面，做了一些革新，包括：

在制度改革方面：以民主選舉方式產生住持、制定僧眾序級考核、成立「親屬會」與「功德主會」、制定「檀講師」制度、倡導寺院功能多元化、不由中國佛教會發戒牒而逕行傳受三壇大戒，以及改變中國佛教會「不團結、收紅包、趕經懺」等陋習。

在教育改革方面：創辦了第一所連續四十五年來招生不間斷的佛學院，並且遍及五大洲均有分部。另外，創辦西來、佛光、南華、南天等多所社會大學，以及成立都市佛學院、勝鬘書院、社區大學等。

在文化改革方面：成立多所美術館，編佛教文學書籍，重編大藏經等。

在弘法改革方面：以歌舞傳教、透過電視弘法、發行《人間福報》、成立雲水書車，乃至首創婦女法座會、採用遠距教學等。

在觀念改革方面：以「行佛」代替「拜佛」、提倡「身做好事、口說好話、意存好念」等三好運動、提出「你大我小、你對我錯、你有我無、你樂我苦」為處世準則，並以「忙就是營養」、「為信徒添油香」、「儲財於信徒」、「當義工的義工」、「學佛不是個人清修，而是要為大眾服務」等理念，作為僧眾的修行準則。尤其提出「五戒就是不侵犯」、「我是佛」、「建立心中的本尊」、「業是生命的密碼」、「行善不造惡就是基因改良」、「做自己的貴人」等佛法新詮。

在儀軌改革方面：舉辦短期出家、佛化婚禮、菩提眷屬、青少年成年禮，以及兩天一夜傳授在家五戒、菩薩戒。

在福利改革方面：為僧眾訂定休假、醫療、進修等福利辦法，以及成立公益信託基金，從事各種社會公益等。

說起對佛教的改革，其實我並不是一味的打倒舊有，我認為改革並非打倒別人來樹立自己，而是應該相互融合，因此我雖然主張佛教要革新，但也不排斥傳統。例如過去的信徒只在初一、十五才到廟裡拜拜，我則提倡「週六念佛共修」；舉凡全臺灣的別分院，甚至全世界的佛光山道場，每週六晚間都會同時舉行念佛共修。過去一般信徒的往生佛事，都要拜懺誦經，甚至放焰口，我則以「隨堂超薦」來代替。我覺得不一定要由個人獨力出錢，如此負擔太重，可以改在共修時，讓有緣人一起來共同為父母、祖先隨堂超薦。

我一生不趕經懺，我重視文化弘法，但在來臺之初就提倡「藥師法會」及「光明燈法會」等，因為我覺得佛教的信仰儀式也很重要。何況眾生根機不同，各有得度的因緣，因此我自己不做的，也不一定就要排斥他人。

我想到當初釋迦牟尼佛的革命，他是向心內而不是向心外，是向自己而不是向他人，是本著慈悲為人而不是瞋心恨人，是用真理服人而不是以暴力討伐。因此，我願效法佛陀，永遠以佛法為眾生祝福，祈願能把功德留給人間，把佛法留給大眾，把一切用以莊嚴佛教。我個人並不想要任何一個名義，只願做一名雲水僧；我不要擁有任何一樣東西，只想孤僧萬里遊；我也不希望多少師友隨侍，只希望獨自遨遊天下。

我一向奉行「以無為有、以退為進、以眾為我、以空為樂」的人生觀，我擁有了空無，不帶走一片雲彩，不管走到哪裡，都本著「掛一單」的精神，哪一個人要我，我就「在一家保一家，在一國保一國」。我但願以禪心悟道來伴隨生命，到處隨緣放曠、逍遙自在，做到來去自如，生死都不牽掛，也不拖累別人。

至於未來，走不盡的世界，我要勇往向前；走不盡的人生，還要繼續前去。對於還沒有因緣接觸佛教的人，也希望能跟他們結個善緣；只要能讓佛法落實在人間，此生於願足矣！

◆本文出自二〇一一年《合掌人生2－捌　我的新佛教運動》

◆想要成功立業，必須堅持理想；欲得美夢成真，就應切實力行。

◆為生命留下歷史，是證悟的功德；為信徒留下慈悲，是服務的善緣；為道場留下信仰，是精進的發心；為人間留下貢獻，是難忘的回憶。

摘自〈佛光菜根譚〉

卷二

藉「自學」強化技能

無論是基本的生活能力、

專業工作的能力，

自學是獲得能力的最好方式，

因為是自動自發，便能自律，

繼而充實並開發自我，讓自己擁有豐盛的未來。

我的文字編寫因緣

我作為一個出家人，除了知道一些佛理以外，梵唄唱誦應該是不合格的，可是佛教裡最需要的就是梵唄唱誦。一個出家人會得梵唄唱誦，到處都會受歡迎，有一句話說：「會得香雲蓋，到處吃素菜」，就是這個意思。偏偏我五音不全，連「香雲蓋」都唱不下來。以這麼樣的條件，在佛教裡，可以說應該是走不出去的。

好在我生性勤奮，歡喜舞文弄墨。在焦山念書的時候，我的作文甚至老師都還替我謄清，送到江蘇省會鎮江的報刊上發表。我原本也沒有學過詩詞歌賦，由於焦山位在長江中心，在那樣的環境，偶爾晚餐後，在沙灘上散步，真有王勃〈滕王閣序〉：「落霞與孤鶩齊飛，秋水共長天一色」的美感，每每引發我寫一些小詩。每一篇寄到各報刊，篇篇發表，給了我很大的鼓勵。

可見得，人生的道路很多，此路不通還有彼路，不要墨守成規，也不必自以為愚痴不會，所謂「愚者也有一得」，所以我自己培養文學的興趣，興趣也成長了我。

從寫作到編輯

我想，既然喜歡寫東西，就應該進一步學習編輯；因此，每個月規定自己編一本專屬自己的刊物，叫作《我的園地》。跟一般刊物一樣，有發刊詞，有社論，有講座，有專論，有隨筆，有新詩，還有編後記，甚至小說，每個月再怎麼樣功課忙碌，必定把《我的園地》書寫完成，如期出刊。其實這本刊物的讀者，只有我自己一個人。

離開焦山以後，第一個獲得的工作就是宜興白塔國民小學校長，在那個時候，有一位同學智勇學長也長於文字，兩個人志同道合，編發一份《怒濤》月刊，這份刊物取名叫「怒濤」，意思就是要用怒吼的波濤，沖毀腐舊的惡習，還給佛教一個清淨的本來面目。

當時在那個鄉村地方，也找不到印刷廠印刷，就由智勇書寫鋼版，我做發行。這一本油印的雜誌，每次發行五百份。原來以為這份油印的雜誌應該不會引起人們的注意，再者，裡面的文章立論激烈，可能會引起佛教界的反感，結果，第一期出刊之後，就得到素有佛教雜誌權威的《海潮音》替我們刊登一個義務廣告說：「我們又多了一支生力軍！」這個鼓勵，給我們很大力量。

原本以為家師志開上人也會怪我興風作浪，沒想到，他不但沒有怪我，還寄了五百令的紙贊助我們，這又給我們無比的鼓勵。

這份《怒濤》前後編了二十多期，後來因為白塔國小這個地區是國共交火的地方，實在生存困難，不得已我又回到了南京。

一九四八年冬，承蒙江蘇徐州《徐報》的王老董，要我替他主編副刊，定名為〈霞光〉；可惜，我只編了一期，就爆發了「徐蚌會戰」（即淮海戰役），當然，這個短命的副刊也就夭折了。

因為徐蚌會戰震動了南京，當時局勢風聲鶴唳，我在前途茫茫之下，就隨著僧侶救護隊，在只想逃命、不問前途的情況下，就這樣到了臺灣。

我到了臺灣後，知道在臺中的學長有一份《覺群》旬刊。這是一份抗戰勝利後，由太虛大師創辦，在上海發行的雜誌。它的發行量很廣，可以說，是一份走改革佛教的雜誌，因為戰爭的緣故沒有辦法繼續出刊，就由我在焦山讀書時的學長、時任上海市佛教會祕書的大同法師負責，將這份雜誌從上海帶來臺灣。

一九四九年初，大同法師因為匪諜嫌疑遠走香港，遺留這份《覺群》還沒有出刊，其他人也不知如何辦理。因為我在大陸有編寫的經驗，他臨走前交代他們，要我去負責主編。因為這是太虛大師要革新佛教的一份雜誌，我當然很有興趣為它服務，也願意做出貢獻；但是我只編了一集，出版後，就受到警察的調查。當然，我不能為了編輯雜誌，就跟警察、安全人員挑戰，同時也怕連累到中壢圓光寺居住的問題，我不敢再到臺中。因此建議臺中寶覺寺的住持林錦東法師（又叫宗心法師）另請高明。他就請到臺中圖書館的總務主任朱斐前來主編，終於在夏秋之際，雜誌復刊出版了。

沒想到，在第一版上聲明，今後《覺群》要更改為紀念印光大師，弘揚念佛法門，提倡淨土學說。我在中壢圓光寺看到這樣的啟事，大為不滿。我認為太虛大師、印光大師都是大德，但是，這好比張家的祠堂，你不能隨便把它改成李家的祠堂，我就寫了一封信去質問他，你怎麼把太虛大師創辦的雜誌，拿去紀念印光大師呢？這張冠李戴，怎麼也說不過去。

原來，朱斐居士是跟隨李炳南居士學佛，二人同是印光大師的弟子；他把我的原信刊出，並且說我不贊成淨土法門。其實我一生，打的佛七約有百次以上，再加上早晚念佛、週六共修，那就更多了。我是倡導「禪淨共修」的人，主張「解在一切佛法，行在禪淨共修」。為了這一段文字編輯的因緣，招來我在佛教界一段很不好聽的名聲，說我反對念佛，增加了我在臺灣弘法的困難。

後來，《覺群》改名叫《覺生》，發行了一年之後，又再改名《菩提樹》。這就是在臺灣發行多年的《菩提樹》雜誌的來由。後來《菩提樹》出刊，我經常投稿，我和朱斐居士也時相往來，成為很好的道友。

強化專業技能

這個時候，因為我的文章不斷在《覺群》、《覺生》、《菩提樹》發表，居住在新北投的東初法師辦了一份《人生》月刊，要我去為他主編。我原本就已經斷不了的文字編輯因緣，又再繼續下去了。

我斷斷續續編了六年的《人生》雜誌，這六年中，我沒有用過《人生》雜誌的一張稿紙，也沒有用過他一張郵票，也沒有支過他一分錢的車馬費，說起來，從那時候開始，我就為佛教的文化做義工了。

後來東初法師跟我講，「因為我的這一份雜誌，讓你揚名立萬了。」又說，「現在你也應該幫忙，我們把雜誌從二十四頁增加到二十八頁，新增的四頁，就由你出資好了。」

我為了編輯的興趣，很辛苦的籌募這四頁增加的費用，甚至光在宜蘭這個地方，我就介紹了三百多個長期訂戶。這都是靠著信徒助印、捐獻訂閱支持才有的。

在編《人生》雜誌期間，我學到很多，比方花蓮大地震，東初法師要我去救災，那是我第一次學習如何救災。還有，他寫的文章經常在發表後，引發外界的一些爭論，他都說那些文章是我寫的，我也必須學習代他抵擋這些議論。

《人生》雜誌在當時的佛教界，算是一份很有權威的雜誌，因為有東初法師好評論佛教，有南亭法師專寫佛教長篇文章，煮雲法師、心悟法師都加進了我寫作的陣容，我真是廢寢忘食的要把這份雜誌編好。

每個月，我必須從宜蘭到臺北兩次，一次是送稿給印刷廠排版校對，過幾天後，再上來做最後校對印行。記得那時候也沒有經費坐汽油車，都是坐普通的運煤車，必須經過二十三個山洞，每一次宜蘭臺北一趟下來，鼻孔都塞滿了煤灰，期間的辛苦，現在的人已經難以想像了。

後來我不能為《人生》雜誌繼續編下去的最大原因，主要是《覺世》旬刊後來在一九五七年，由臺北建康書局張少齊、張若虛父子出刊。因為他們想要辦一份弘揚佛教的刊物，以報紙型發行，預計每十天一期，要我擔任總編輯。

他們本來要叫作「旬報」，但我知道，依政府的規定，每週出刊的，可以叫「週報」，但十天一期的還是名為刊物，所以我就建議他們叫「旬刊」，《覺世》旬刊就這樣定名下來，並且在同年的四月一日創刊。

《覺世》旬刊是一份四開的報紙型刊物，我雖然沒有編過這樣的期刊，但覺得很有挑戰性，特別是我一向有「做中學」的性格，於是就邊做邊學。總聽人說「皇天不負苦心人」，確實，我只編了二、三期，得到好友李春陽的指導後，自己就能上路了。

我本著公平原則，報導佛教各界的新聞、活動，我也秉持公正精神，撰寫〈雲水樓拾語〉，評論佛教的是非得失。當然，這份《覺世》蒙佛教各界的重視，而發行得非常廣泛。

編輯《覺世》旬刊的同時，聽說《今日佛教》忽然宣布要停刊。我乍聽之下，覺得非常可惜。實在說，《今日佛教》是一本很好看的美術畫刊，由廣慈、煮雲等法師，以及李春陽發起。它的照片豐富，圖文並茂，編輯得相當精彩，當然，畫報畫刊要比文字更容易得到讀者的歡迎。尤其，它也刊登了大陸的錦繡河山、介紹大德高僧等內容，大家看得很歡喜。

經辦不到一年，就宣布要停刊，必然是因為經濟不夠周轉。這一停刊，就有人不甘願，由臺北善導寺住持演培，監院悟一、妙然等，組織了一個八人的社務委員會，由我擔任執行編輯。於是我又披掛上陣，開始了文字的編寫工作。

改編後的《今日佛教》，我就寫了一篇〈我們的宣言〉，還獲得李炳南居士來信讚美；接著我又寫了〈我們要有殉道的精神〉，時值戒嚴時期，哪裡能隨意講話，但是為了要弘揚佛法，我也就一不做二不休的豁出去了。

在我編輯《今日佛教》不到二年的時間，原發行人廣慈法師又把它討回去自己辦，我就專心去辦《覺世》旬刊了。

佛光山接手《覺世》旬刊之後，有朱橋（朱家駿）、陳慧劍、慈惠、慈怡、依晟等人都來幫忙編務，前後發行四十年，從來沒有休刊過。尤其我創了一個紀錄，旬刊在每個月的初一日、十一日、二十一日出刊，我必定在這之前，將旬刊送到讀者家中，沒有延誤過一期。我自感安慰，這也顯示了我準時的性格。

《覺世》旬刊對佛教最大的貢獻是：

一、幫忙智光商工創建籌款。假如今天大家翻閱一九六五年前後的《覺世》，就能注意到所刊登的功德芳名。

二、幫忙建設佛光山開山初期工程。

三、引發社會公論，維持正義。

例如，一九六四年，西班牙的鬥牛要移到臺北表演，表演最後要把牛殺死。我們覺得這太殘忍了，基於慈悲的立場，提出反對鬥牛的意見。那時候，立法院就憑著

《覺世》的一篇評論，最後阻止了這一場血腥的表演。

又例如，政府曾反對臺灣民間的信仰，要取締三日一大拜、五日一小拜的情況。我覺得，這不是一個單純的宗教問題，這是民間社會問題。因為人民一年的辛苦，他藉由大拜拜可以宴請親朋好友，這也是他們相互聯誼、娛樂的生活之一。如果剝奪他們拜拜的權利，只准許高官厚祿的人天天吃大餐、跳舞享樂，這也太不公平了。

所以我喊出口號：不可以「取締」拜拜，可以「改良」拜拜。所謂「改良」拜拜，就是用香花素果代替大魚大肉，以素食的東西來祭拜，既不殺生又不造業，又能維護信仰。後來，這滿天的風雲，就因為這樣的建議，社會就安定了。

這份助印的刊物，每期發行四十萬份，遍及四十二個國家地區，扮演著海內外幾百萬佛教徒溝通的橋梁。直到二〇〇〇年，併入新創刊的《人間福報》，也就是現在《人間福報》的「副刊」與「覺世／宗教」了。

勇於挑戰創新

文字編輯工作是會讓人上癮的，而我更樂在其中。在宜蘭弘法時，我除了幫忙當地的《國光》雜誌、《宜蘭青年》寫稿之外，自己又編印了一份《蓮友通訊》，每半個月一期。當時，委託一位家裡開設中華印刷廠的青年吳天賜幫我印刷，後來因為這份通訊的關係，度了他跟隨我出家，他就是後來佛光山的第二代第四任住持心平和尚。

說來，我對帶動臺灣出版界的進步，應該有些許的貢獻。例如，朱橋先生幫我編輯《覺世》和《今日佛教》的才華，為《幼獅》雜誌所欣賞，就把他請去擔任主編。當時我建議他標題做大一點，字不要排得密密麻麻，結果，一出版就引起震撼，當時很多雜誌也隨之跟著改頭換面，為臺灣雜誌的編輯掀起大大的改革運動。

我初到臺灣來的時候，有一份《今日青年》雜誌，是仿當時《今日美國》雜誌而創辦的。當時，中興大學教授秦江潮先生（後來擔任臺北市政府人事室的主任），因為我經常投稿，特地到中壢來看我，要我去做該雜誌的編輯。

我跟他說：「我要做和尚。」他就說：「國家興亡，匹夫有責，到了這個時候，和尚也要愛國。」我回答他：「我連和尚都做不好了，其他的事還能做得好嗎？」我仍然堅持做一個和尚。就好比古德有一首偈云：「昨日相約今日期，臨行再三又思惟，為僧只宜山中坐，國士宴中不相宜。」雖然拒絕了他，但我後來還是經常幫他撰文寫稿。

那時候為什麼那樣喜歡寫文章、歡喜編輯呢？又沒有稿費可以拿。我完全是基於護教。例如：名伶顧正秋在永樂大戲院演京劇，內容有對佛教不利的地方，我就寫了一封〈致顧正秋小姐的公開信〉，跟她抗議，也不管她的背景是任顯群還是蔣經國。

曾有記者問過我，為什麼熱愛文字編輯，終生不輟？因為文字是生生不息的循環，是弘法的資糧，人不在，文字還在。一個人因為一句話而受用，這輩子，乃至下輩子，都會對佛教有好感。透過文字媒介，不只是這個時代，不只這個區域的人，都可以接觸到佛陀偉大的思想，幾千、幾萬年以後，此星球、他星球的眾生，也可以從文字般若中體會實相般若的妙義。

好比，我從一九五七年開始提倡「每月印經」，將艱澀難懂的經文，採新式標點符號，加以分行分段編輯，如普通小說體裁一般，使得佛法能普遍為社會大眾所接受。後來，我繼續創辦《普門》雜誌，以普遍化、生活化、藝文化、趣味化為宗旨；在發行二十餘年後，二〇〇〇年時，就轉型到馬來西亞發行了。

曾經獲得優良圖書金鼎獎的《佛光大辭典》，於一九七八年起開始編撰，耗費了十年的時間才終於問世。

在此之前，一九七七年我發起成立「佛光大藏經編修委員會」，以編撰現代佛教聖典為目標。春去秋來，佛光山編藏的工作已接近四十年，總共完成了《阿含藏》、《禪藏》、《般若藏》、《淨土藏》、《法華藏》等，共一百九十八冊。我想，等到十六部藏全部完成時，應該也有千冊左右了。

如今，隨著科技進步，《佛光大辭典》及《佛光大藏經》也都發展出電子版，以方便攜帶保存，並且易於查詢檢索、比對。

二〇〇〇年，佛光山啟動了《世界佛教美術圖說大辭典》的編務工作，歷時十餘年，終於在二〇一三年出版。當年，我叫如常法師編輯這部圖典時，問她需要多少錢，她說大概需要一千萬。我就將《浩瀚星雲》這本書所得的版稅一千萬元，悉數給她作為編務行政費用。可見我們並不是光口頭叫人家做，自己也要先有所行動才行。

這一部二十鉅冊的美術圖典出刊後，對建築界、藝術界、教育界、工藝界，應該都會有相當的貢獻；尤其在佛教的歷史上，透過這許多藝術的呈現，讓世人知道，佛教對全世界文化的影響，是抹殺不了的。

《世界佛教美術圖說大辭典》華文版出刊後，英文版也正在努力編寫中，預計二〇一四年問世。感謝來自世界各地許多友人如美國、日本、韓國、新加坡、馬來西亞、冰島、丹麥等，尤其中國大陸給予我們的支持最多。

除了上述大部頭書籍的編纂工作，為了鼓勵佛學研究，早在一九七六年，我就創辦了《佛光學報》，佛光山文教基金會創會之後，每年也出版一本論文集；接著自二〇〇一年起，由滿果法師主編《普門學報》，每兩個月一期，整整編了六年；每期我也參與其中，貢獻自己一篇文章。

除了《普門學報》，我還邀約兩岸的佛教學者共同將經律論中重要的著作，做有系統的整理，翻譯成白話文，在一九九七年出版了一百三十二冊的《中國佛教經典寶藏精選白話版》。

在長久的弘法過程中，經常有人告訴我，他沒有學佛的原因，是因為他看不懂佛經，假如有一本白話文的經典，那他學佛就不難了。為此，我就一直有心想要替佛教編輯一部白話經典。

可是，佛學的翻譯非常困難，無論翻譯成英文，或是翻譯成日文、韓文、西文、法文、德文等，不管翻譯成哪一國的文字，都相當不容易，甚至連文言文的佛經要翻成白話文，也是一樣不簡單。

例如，每一部佛經的開頭都有一句「如是我聞」，光是這一句話，要把它譯成白話文，就讓我煞費周章，思考怎麼樣把它說得讓人懂而又不失原意。後來我發覺到，只有譯成「《金剛經》是我阿難聽佛這樣說的」，或者是「《法華經》是我阿難親自聽佛這樣說的」，才比較符合原來的意思，這確實是花了我許多的時間思索，才敢這麼斷然決定。

因為要讓人懂得經典的內容，只有像鳩摩羅什大師那樣的意譯，才比較容易讓人明白。

中國佛教史上四大翻譯師中，尤其以玄奘大師和鳩摩羅什大師最為特出。他們一位是直譯，一位是意譯。羅什大師的意譯經典，如《阿彌陀經》、《法華經》、《金剛經》、《維摩詰經》等，因為文字暢通，讀誦容易，普遍較為大眾所接受，流傳也比較廣泛。而玄奘大師雖然也翻譯過《金剛經》等，但都不流傳了，因為意思雖然到口，但誦讀起來困難，也就少為大家所熟知了。

因此，我曾經請依空法師、吉廣輿夫婦把我的意思帶到大陸去，邀請學界幫忙翻譯佛經；我也請慈惠法師到北京和那許多學界多次溝通，而有現在我們看到由海峽兩岸一百二十位作者所翻譯的《白話經典寶藏》。

以白話文來闡述經典，是一個嘗試性的突破，可是這個工作由於人才的不足，成果並未能盡如人意。儘管如此，當初能有這樣白話版本的發行，確實相當困難，也可以說為佛典的翻譯史寫下新頁了。

《白話經典寶藏》編輯之後，我知道大陸許多的碩、博士生都以佛學作為他們的研究方向。我從中選錄了四百多篇論文，集成《法藏文庫・中國佛教學術論典》，全套十輯，精裝一百一十冊，分為思想史、歷史、制度、語言、文學、考古、建築、藝術等八大類，總共加起來也有數千萬言。

感謝北京首都師範大學程恭讓教授的協助，永明、永進、滿耕等法師的參與，可以說花了很多的力氣才得以編輯完成，印刷出版。

當然有的文章難盡如人意，有的文義也不容易明白，甚至我也知道，這些碩、博士論文裡，有的人不一定從信仰入門，甚至有些從批評角度撰寫，曲解佛教的也有，但我都將他們的原文搜羅出版，為什麼？因為我要讓後代的人知道，這個時代的文化產物就是如此，我們必須把它留給後人去研究，不能讓這個時代的歷史就這樣消失。這就是我編輯《法藏文庫》出版的緣由。

網羅人才，薪火相傳

由於我自己沒有讀過多少書、受過多少教育，也沒有受過什麼文化的訓練，但是我對佛教的教育、文化，可以說如痴如醉。例如，當初創辦《人間福報》的時候，多少人勸我，現在平面媒體走下坡了，不要辦了。以前我們因為貧窮，沒有辦法自己辦報，只有在各報買版面，由我們編輯內容提供給他們印行。現在我有力量了，我們必須為佛教發聲，為佛教留下一個歷史。就這樣，我親自帶著幾個徒弟，從策畫、邀稿到版樣設計，全心全力投入。《人間福報》終於在二〇〇〇年四月一日創刊，由依空、心定法師先後擔任發行人。

有人問我，為什麼選在愚人節這一天創辦這份報紙？我想，因為我有「愚公移山」的精神。《人間福報》首任社長是依空法師，記得我還跟她說，我籌了一億元給妳辦報，妳能辦到三年，倒閉了我也不怪妳。

欣慰的是，《人間福報》至今已經十三年了。可以說，種種苦難、挫折都有，但我不計較，因為這些苦難、挫折滋養了我們的慧命。如今回想起來，我要謝謝那些當年好意相勸的人，他們給了我危機意識，也給了我永不退縮的堅持。

歷任的社長從依空之後，陸續有永芸、柴松林教授、妙開等人擔當起社務工作，現在則由符芝瑛小姐擔任社長。

符芝瑛小姐是政治大學新聞系的高材生，曾在《聯合報》做過記者，在天下遠見文化公司擔任編輯時，替我寫過傳記《傳燈》，還登上年度的排行榜，之後又陸續寫了《薪火》、《雲水日月》等。二〇一〇年底，她從上海回到臺北，推動《人間福報》各項編務，充實版面內容。尤其，她廣邀學者、專家為「百年筆陣」專欄撰文，替《福報》增色不少。

值得一提的是，陸續有全球各地的華報，如：紐西蘭、芝加哥、紐約、聖路易、澳門、新加坡、菲律賓等，都表示《福報》的內容充實、清新，是一份很好的華文教材，希望我們能提供內容給他們的報紙刊登。這確實是一件令人欣喜的事了。

除了《人間福報》，前後我又創辦了佛光出版社、佛光文化、香海文化公司、人間通訊社以及大覺文化公司等，陸續有永均、蔡孟樺、妙蘊、妙開、滿觀、妙有、妙普、黃美華等人負責執行編務、發行等工作。其中，蔡孟樺對我的書籍出版用力甚多，像《迷悟之間》、《人間萬事》、《星雲法語》、《人間佛教叢書》等，還曾經獲得印刷界的「金印獎」。而這幾年，上海大覺文化公司在大陸為我出版簡體字版相關書籍，承蒙大陸讀者的厚愛，竟然也讓我擠進所謂的「版稅富豪排行榜」了。

因為出版與編輯，我也替佛門培養了許多人才。例如六十年前，慈莊、慈惠等人就是喜歡寫文章，歡喜我替他們改文章而進入佛門；後來又在臺北三重文化服務處工作，我們寫下了許多佛教文化的輝煌紀錄。例如印行的《中英對照佛學叢書》之〈經典之部〉、〈教理之部〉等，都是膾炙人口的出版品。尤其，慈莊法師負責的佛教文化服務處，對早期佛教文物、出版的流通推廣，貢獻很大。

而佛光山派下第一代弟子，像慈莊、慈惠、慈容、慈嘉、慈怡、心定等，每個人都有自己的著作出版。之後，在報紙、雜誌、出版以及編藏等方面，像依空、依晟、永明、永進、永本、永芸、永莊、滿義、滿果、滿光、滿濟、滿紀，以及《人間福報》的妙熙、覺涵等所有的出家弟子等，都有一些傑出的表現。

現在，佛光山年輕一代的弟子，不僅能寫，還能畫、能攝影、能使用電腦編輯。

為了鼓勵他們編寫，我無論工作多忙，都會替弟子的書寫序，甚至在書名、標題、編輯等方面提供建議。

由於擔任雜誌編輯又喜歡寫作，我也結交了許多文藝界的朋友，例如：柏楊、劉枋、司馬中原、高陽等，和武俠小說作家臥龍生、梁羽生，文壇夫妻檔何凡、林海音也曾多有往來。

我從一個二十歲不到、為佛教改革與前途振臂疾呼的僧青年，到臺灣駐錫弘講、建寺安僧，靠著一枝禿筆生存立足，乃至後來創辦佛教的文教事業，將佛陀教法透過文字與出版品流傳到世界各個角落。我這一生也由於文字編輯的因緣，擴大了視野，廣交文化界能人異士，可謂無限歡喜了。

◆本文出自二〇一三年《百年佛緣 5－文教篇 1》

◆學佛要無我，寫文章要有我。如果筆下的文字沒有「我的感情」、「我的思想」、「我的看法」，就不是一篇好文章。

摘自〈佛光菜根譚〉

我的講演緣

在我青少年的時期，並不知道我會講話，在棲霞律學院裡，很難得有個講演比賽，院長大本法師評我為第一名，自己心裡很不認同，只覺得是大本法師存有私心。

我又不會講演，哪裡會得第一名呢？一定是因為我的師父和大本法師是法兄弟，基於人情的關係才給我第一名。這個心態讓我後來很自責，因為我感到自己很不厚道，人家對我一片好意的鼓勵，我居然用這樣不好的心眼去批評他，至今仍感到慚愧。

不過，我是真的從來都不知道要如何講演，因為我一直在寺院裡過著關閉式的生活，到二十歲以後，才有機會見到廣大的社會。雖然大開了眼界，但是與人說話還真的有困難。只要我看到五、六個以上的人，講話就會發抖，相當不自然，在佛經裡有所謂「大眾威德畏」，我就是這樣的情形。

甚至後來到宜蘭弘法，雖然當時我的年齡都快三十歲了，但是一看到幾百人來聽我講話，我依然渾身發抖，就算手抓住桌子，也是不停發抖。不過，習慣性的抖了兩、三分鐘，後面也就不抖了。我自己心裡總是警告自己，講講話不必怕啊！我講話，他們聽我的話，大家也不會對我有什麼不好，怕他們做什麼呢？但是，這樣自我訓練還是不行，到了要對大眾講話的時候，還是會很自然的發抖。一直到三十多歲後，講話發抖的習慣才慢慢去除。

所以我想，這實在需要靠人的毅力來突破，假如我沒有毅力，就不要講話，也不要去講演了。但是我深知，如果我不這樣做，就不能弘法；就算有這樣的畏懼，也要不惜一切地向自己奮鬥。因此從以前畏懼講話，到現今能侃侃而談，我已經進步很多了。現在來了幾千人、幾萬人聽講，也是多多益善，我已經沒有畏懼的感覺了。

在我一生弘法講演的歲月中，有很多的趣事與趣談，倒可以在這裡向大家做個告白。

自我訓練的開端

初到臺灣，我第一個講話的工作是在臺灣新竹青草湖。那年是一九五一年，我擔任「臺灣佛教講習會」的講師兼教務主任，學生只有五十人左右，每次上台對學生講話，最初的一、兩分鐘都不自然。

這讓我想到，父母在孩子幼年的時候，如果能經常讓他在大人面前多一些表達，應該是很重要的教育。因為，小孩能頑皮一點，從小養成不畏懼和人相處或侃侃談話的習慣，性格必定落落大方，不怕講話。如果像我一樣，從小就沒有融入眾中，沒有培養跟大眾講話的習慣，「大眾威德畏」就會變成難以矯正的毛病。但慶幸的是，自己並不因為有這樣的毛病就不精進、不向上發展，反而一有講話的機會，總是努力以赴。

當時每個星期天，在新竹城隍廟前都會舉行布教大會，新竹縣佛教會邀我前去弘法。因為我是佛教學院的老師，在當地屬於知識分子，我如果不去弘法，那要找誰去呢？我就當仁不讓的前往了。每次從青草湖外出弘法，都要先向派出所的警察請假，獲得他們點頭准許了，我才能到新竹。還記得路程遙遠，走路將近要兩個小時才會到，不過有這個讓我上台的機會，一定要把握。在為期一年多的布教弘法中，讓我有自我訓練的好機會。

在廟口講演，群眾來去就像潮水一樣，大家一步走來，一步又走去，每逢我講到故事，群眾就會慢慢向我集中，故事講完之後要講道理，大家又慢慢散去，一場講演約兩個小時，人慢慢聚合而來，或者人慢慢解散而去，常常都要幾個回合。我從那個地方學到一個經驗，有時要「以事顯理」，有時要「以理明事」，理事要圓融，要契理契機，思考如何將故事與佛學結合，才是一場最好的弘法講演。這也是我後來一直很用心佛經裡的故事，或人間社會生活小故事的原因。

不過，一則短短的故事也不容易講，有一些朋友也愛講故事，但是講了以後，往往其他的人不笑，只有自己在那裡哈哈大笑。要把故事講得讓人哈哈大笑，自己卻不笑，這才是講故事的本領。

從臺灣到國際

一九五三年初我到了宜蘭，宜蘭是一個鄉城，平常沒有什麼活動，當地居民忽然聽說一個外省的年輕和尚要來說法，一下子湧進兩、三百人。每次的集會中，我也體會到一個技巧，光只是講說還不夠精彩，如果有圖片會更好。於是我向日本購買許多幻燈片，再用幻燈機播放出影像，也就是一般所說的「看圖說話」，這更容易吸引信徒的喜愛，他們都認為這是在放電影。

最初十年，先講《觀世音菩薩普門品》，然後講《彌陀經》，再講《金剛經》、《心經》，也講《大乘起信論》、《八識規矩頌》、《維摩經》，幾乎沒有外出到其他縣市講說。可以說，我在宜蘭講了十年，臺北都沒有人知道。

宜蘭人很保守，沒有人評論過我會講不會講、喜歡聽或不喜歡聽，也都沒有人對我表示過好或不好。其實，講演也是需要聽眾的回響的。講者講過了以後，有人一起討論講說的內容，這對講者來說是一種鼓勵，也是很有幫助。不過，我在宜蘭，也很習慣接受信徒們這種平平淡淡的應對，我講我的，你聽你的，講聽之後，完全沒事。

十年後，我轉移到臺北講演。那時候，新公園有個臺北藝術館，我也做過講演，現在這個地方已經撤除了。後來，我再到中山堂光復廳講說，那是過去國民大會開會的地方。我在中山堂講過之後，一下子在臺北很受大家的重視及讚許。可是，在臺北以外，依然沒有人知道我星雲會講經說法。再後來，又到臺北國父紀念館講演，每年講三天，連續講了三十年沒有間斷。當時每次講演都像過年一樣，人不但多而且很熱鬧，大家聽聞佛法聽得很歡喜。

後來，我到南部高雄講經說法，高雄人比較熱情，講過了之後，又一直要我再到別處去講，我講過的場所不斷擴展，不過也和我在臺北一樣，我在臺北講，只有臺北人知道，在高雄講，只有高雄人知道。

後來到香港講演，情況就不同了。我在香港弘講的地方很多，來的人也多，尤其在紅磡香港體育館，大概每次都有兩、三萬人來聽講，不但聽眾多，今天講完，明天全世界都知道了！

原來很多香港人的親朋好友，都散布在全世界各地做生意，我講演的時間從晚上七點講到九點，解散後，聽眾們回到家大約是十、十一點，那正是他們的親朋好友在歐美的早晨，他們就互通電話，討論講演的內容。所以，我在國際上的知名度一下子提高了。

一般人說「一夜成名」，我是真有這種感覺。我在紅磡香港體育館，也是一年講三天，連續二十年沒有間斷過。

回憶起來，我在香港講演的擴散力確實很強大。例如一九九二年，澳洲南天寺要動土，我去主持奠基典禮。當時我們在澳洲沒有信徒，也沒有朋友，只是有這個熱心，因為政府提供土地給我們建寺，有這樣的好因好緣，就欣然前往了。

南天寺位於澳洲東南岸的臥龍崗市（Wollongong），大家已經準備好幾百個便當，供應前來參加奠基典禮的信徒。原本估計人數最多是三百人而已，但是後來我想了想，萬一人來多了怎麼辦呢？我就說服大家，至少應該準備一千份，但是大家總認為我的估計是錯誤的，一定會失算。

回到我們住的地方之後，我前思後想，萬一來參加的人真的有一千人以上怎麼辦？我們寧可多做一點，吃不了不要緊，如果不夠吃，在那個荒山郊外，信徒們去哪裡吃飯呢？也有人提議，可以臨時去買麵包，但是給人麵包不如給便當吃。所以我和徒眾們一夜沒睡覺，又多包了五百個便當。

第二天，典禮正式開始，來的人數居然在五千人以上，只好臨時炒麵，連泡麵都拿出來炒。怎麼忽然有這麼多的人來參加呢？我聽到許多信徒在路上聊天，雖然他們都講廣東話，但是我多少能聽懂一點，意思大概是打電話給他的媳婦、兒子、親朋好友，說星雲大師在這裡建寺院，叫他們要來參加。這次在臥龍崗的奠基典禮，讓我深刻領教了香港人的擴散力。

說到聽眾的反應，臺灣的聽眾，在我接引的信眾裡算是最沒有反應的。我在臺灣，從鄉村講到都市，從寺院講到學校，從監獄講到工廠，從民間講到官府，講得好與不好，幾乎都沒有得到過反應。一場講演等於水泡，講完，水泡就消失了，一切歸於平靜。

我曾在臺灣的三個電視台遊走，從中華電視台到臺灣電視公司；從中國電視公司再到其他的電台，錄製過數千集的節目。所有的藝人，恐怕都沒有像我這樣的經歷，三十多年來，在電視台講說不停。我一樣也沒有得到過反應，講得好或不好？我還是不知道。

不過，宜蘭弘法隊的隊員倒是曾經給過我一些鼓勵。記得我在農村廟口廣場講演過後，大概都已經晚上了。要回寺時，農村的民眾總是鼓掌歡送。我們踏著月光，幾十個弘法隊的隊員騎著單車，一路就在朦朧的月光下唱著歌回程，回到道場都已經十一、二點了，但是所有的人都不想解散，興奮地在那裡講說今天弘法的成果。

我在〈弘法者之歌〉裡寫著「銀河掛高空，明月照心靈，四野蟲唧唧，眾生心朦朧」，描述的就是當時的情景。農村的聽眾有沒有受到影響？我不知道，但是弘法隊的隊員一個個受到感動，甚至發願參與終生弘法的工作，為佛教努力。外出度眾有沒有得到效果先不談，「自度」倒是真有效果了。

其實在五十年前，我們在臺灣的弘法也不全是那麼順利，有好多場次，幾乎都和警察捉迷藏。記得有一次，我們在龍潭的一個鄉村神廟前舉辦弘法大會，當時有一、兩千位聽眾，我才開始講說不久，就有警察人員走到講演台旁，用低沉的聲音喝斥我，強勢的要我下台，命令我解散。不過我一下來，也很不客氣地對警察說，我們講的都是淨化社會人心的道理，不是違法集眾，那場講演到最後當然是自然解散，沒有出任何問題。

還有一次到花蓮講演，沒有事前宣傳，也沒有廣告，我到的那天下午才開始敲鑼示眾。記得有一個人打著鑼，「鐺！鐺！鐺！」好幾聲，然後就說：「各位父老兄弟姊妹，今天下午七點，在某寺廟的廣場，星雲法師要講說佛法，歡迎大家參加。」接著又「鐺！鐺！鐺！」就這樣重複的說。不久，警察找到我們的團體，喝斥我們，說要找主事的人。

一些年輕的弘法隊員都嚇得手足無措，只有我向前走去，我說：「我們是從臺北來弘法的，為什麼臺北可以，花蓮卻不行呢？」警察拿我沒有辦法，也只好勉強答應我們在這裡弘法，只要負責好安全及交通。這當然沒有問題，我們一定負責到底。於是我謝謝警察後，就回去講演了。

當時在外面演講，時常要經過這樣的波折，實在說，在那個威權時代，確實要有一點勇氣，才能在臺灣散播佛法的種子。

熟能生巧的力量

我到底是如何從一個講話會發抖的人，變成可以向大眾演講的人呢？其實有幾個例子可以跟大家做個說明。

我這個人胸無城府，常常想到要講的主題，都會事先告訴同伴、同寮的法師。可是到了當天，那個主題往往被人搶在前面講，就把我的題材講完了。所以我很著急，心想：「糟糕！今天要講的話都給人講完了，怎麼辦？」我只好急中生智，再重新思考另外一個講題。

所以到了後來，信徒經常提出一些問題來問我，我大都可以立刻給他回答，絕不會拖泥帶水，為什麼？因為我已經訓練自己的頭腦可以馬上應變，在時間緊急的時候，也能將所學的、所經過的事情，以最急迫的時間浮現在自己的腦海。

關於這樣的事情，煮雲法師是我很好的兄弟朋友，對我最為佩服。不論在哪裡講演，人家出個什麼題目，他總是說我星雲某人「不成問題」；但是，這個「不成問題」，可是經過多少艱難的考驗，慢慢才真的「不成問題」。

更有些時候，常有團體找我講話，只給我五分鐘、三分鐘，那是最難回答的。因為時間那麼短暫，能講出什麼呢？我也不斷的磨練自己，雖然只是三分鐘，我總要給人一些金玉良言，所以不管時間長短，我都會欣然應許。

尤其經常也有人問我：「請你給我一句話吧！」突然要說一句話，該從何說起呢？這一句話實在比一場演講還要困難。因為一句話就要讓人可以一生受用，所以我常常在緊急之下，馬上要了解對方是什麼身分、什麼程度，再送他一句話結緣。

後來我自己也得知，原來每一句話都可以作為「一句話」的座右銘，但要觀機逗教，否則不能盡如人意。例如：「做己貴人」、「享有就好」、「肯定自己」、「不忘初心」、「忍耐最好」、「我是佛」等等，我也會引用像「相信因果」、「明因識果」、「惜緣惜福」等，來作為開示的結緣。

壓力催發潛能

還有一些突發狀況，也訓練我在短時間內就能打好腹稿。五十多年前，初到宜蘭，訪客特別多，寫文章、編輯等的事務也很多，有時候一天忙下來，不知不覺就到了晚上。忽然要我上台講演，真不知該如何是好。

一般的老師在上課前，都要做一些準備功課，但是我都沒有辦法準備，到台上去能講些什麼呢？也經常會有腦海裡一片空白的時候。這就訓練我，也逼迫我必須要有急智，要能應付突發事件。

後來不管是忙到晚上，忽然要講演了，只要自己在椅子上靜坐五分鐘，或者去拜佛十二拜，之後再到台上，就會自覺很有力量、很有內容。所以佛法裡常說「佛菩薩加持」，大概就是這種力量吧！

一九六七年，佛光山開山以後，當時我擔任東方佛教學院的院長，朝山會館經常來一通電話：「師父！有一些信徒要請您開示。」朝山會館有許多信徒，各種職業都不一定的，他們集中而來，有的是建築工會，有的是水利會，有的是藝術團體的老師，有的是企業家，婦女、青年或兒童，各種職業的人士都有。面對這許多不同的對象，我要如何講說呢？

幸好，我每次從學院到朝山會館，都要經過一座橋梁，每每我走過這座橋的時間，就讓我可以思考該如何講說佛法。這座橋，就是佛光山的「寶橋」，佛經有一個故事叫「寶橋渡佛」，我真的就是靠這一座橋，給我一點思考的時間，所以我很感謝這座橋梁對我的貢獻。

因為來的人各有不同的職業，我必須要像觀世音菩薩「應以何身得度者，即現何身而為說法」，所以我見到農夫，就跟他講農業；見到商人，我就講經濟；見到青年，就跟他講佛教對青年的關係；遇到婦女，就講家庭治理之道，往往都能收到效果。經常也有些性質類似的團體來，比方婦女團體，我就把昨天對婦女講的話，對今天第二批的婦女再說一次。

但是那個時候，朝山會館有一位叫宏恩的服務員（依菴法師），只要我一開講，她就站到旁邊做聽眾；我怕她取笑我老是每天都講同樣的東西，所以都盡量講不同的內容，要想出很多不同的題目，當時的確很困難、很辛苦。到了今天，我很感謝依菴法師，她自己也不知道幫助我這許多的進步，逼迫我去思考，逼迫我去用心。

所以，一個人在學習的階段，只要能接受壓力，接受推擠，能夠樂觀，就會有所進步。

學習不該自我設限

在這些情況下，我也研究了很多方法來學會講演，例如，用「四分法」最為妥當。什麼是「四分法」呢？如果只是漫談，聽眾會記不清楚你講過了些什麼，所以最好把大綱第一、第二、第三、第四，都列點下來，讓聽者至少都能記住綱目，了解我說的大意。

我也學會了逆向思考。因為講演不能老是像老生常談，就像「勸世文」一樣，老是要人家忠孝仁愛、信義和平、三皈五戒、四聖諦、十二因緣，這樣終究不能交代得過去。我覺得可以改為逆向思考，在講說的內容裡加進一些不同的看法，比方：「你對我錯」、「你大我小」、「你有我無」、「你樂我苦」。

這許多的問題，看起來都很簡單，但都不是一般人能想得到的道理。因為一般人只知道「我大你小」、「我對你錯」、「我有你無」、「我樂你苦」。但是將這個思考反過來想，你再說出一個道理，就可以收到很大效果。好比我經常引用一個故事：

一個張姓人家經常家庭不和，就問李姓人家：「你們家都一團和氣，為什麼我們家經常吵鬧不休？」李家人就說：「因為你們家都是好人，我們家都是壞人。大家都是好人，就容易吵架；而我們家都承認是自己的錯誤，都是壞人，那就不容易吵架了。」這個話究竟是什麼意思？

我接著舉例說：好比李家的茶杯打壞了，一個人就趕快說：「對不起，是我錯了，是我把茶杯打壞了。」另一人會說：「是我放在那裡的，都怪我不好！」大家都承認錯誤，當然就吵不起來了。

張家的人不是這樣，茶杯打壞了，打壞的人就先大叫：「誰把茶杯放在這裡？」打壞的人沒錯，都是放的人錯。放茶杯的人也不服氣，就說：「是我把茶杯放在那裡，誰叫你把它打壞呢？」所以張家就經常吵鬧不休。

這樣的故事往往能收到很好的效果，目的是教導大家，認錯是美德，認錯是勇氣，只要學會「你對我錯」，反而能解決問題，不傷和氣。類似這種人間生活的譬喻，讓我深深感覺到佛教對生活的重要，很適用於佛教的人間化，於是心中慢慢思考、盪漾、成形，後來索性對太虛大師的人間佛教打起了招牌，徹底地宣揚了。

從反思中累積經驗

除了在時間緊迫下養成快速打腹稿的方法之外，在諸多講演經驗之下，我也找出一些講演的技巧。

例如講演時，我一向不喜歡講說陳腔濫調，我認為應該做到「語不驚人誓不休」，所以常用故事來表達佛法深奧的道理。可以講的故事很多，如：哭婆與笑婆、二鬼爭屍、師徒大小、石頭的價錢值多少？甚至「三八二十三」，這許多話題，往往都能贏得廣大群眾的歡喜。

還有，演講不但要說故事，還要有些新意。假設一場講演，台下坐了幾百人、幾千人，如果台上的人只是個人耍嘴皮子，內容也會顯得單調乏味，這樣說、那樣說，也不一定都能合乎大家的胃口，所以可以將音樂和舞蹈串聯起來，和講演合在一起，提高大家的注意力。好比我在國父紀念館講演之前，都有十五或二十分鐘的表演，如敦煌舞、古典舞、佛教音樂、梵唄讚頌等，這些表演都能收到很好的效果，這也是弘法者應該注意的問題。

說法要注意的重點很多，不過最重要的是要契理契機，所謂「上契諸佛之理，下契眾生之機」，這才是佛法。

我在一九五二年，對《普門品》，即所謂的《觀音經》曾有過一些研究，其中最重要的地方，就是告訴我們觀音菩薩三十三應化身、十九種說法，真的是妙趣無窮。因此我每次講說，總會想到對方是什麼人，應該跟他們講說些什麼道理。

二〇一二年十二月十六日晚上，一群大陸的麻醉師來訪，要我為他們說法，我就跟他們講麻醉醫師的貢獻。假如今天來的是師範學校老師的聚會，我就改講佛教的教育，這就是所謂「應以何身得度者，即現何身而為說法」。

很多地方為什麼會請我去演講？其實也是因緣所成。像我的徒眾們知道我常常在各處講說，所以哪裡有需要演講，都會跟我說：「師父您去！那裡有工廠，工人需要佛法；師父您去，那是一個官府，官員難得請出家人說法；師父您去……」到處都是這裡很重要，那裡也很重要，所以我自己就體會出「你重要，他重要，我不重要」，我都可以因應大家的重要。

其實我很平凡，我是一個沒有進過學校讀過書的平凡僧侶，哪裡有什麼東西可以向人登壇講說？只是我自信我肯廣結善緣。我有很多朋友、信徒，都是承蒙他們跟我來往了以後，知道我的信用，知道我永不退票，知道我的誠懇，所以都很喜歡邀請我，鼓勵我，要我到處講演。

尤其在臺北國父紀念館講說三十年從未間斷，在紅磡香港體育館也是講說了二十年從未間斷，甚至我經常舉辦巡迴講演，在歐洲、亞洲、美國都有過巡迴講演。我也應馬來西亞馬華公會的決議，由六位部長聯合邀請我，要我前去提高華人的地位，提升華人的團結，因此我在馬來西亞也有過多次巡迴講演，每場都有一、兩萬人，我也感覺到這對於馬來西亞華人的團結，確實是有些許的貢獻。

例如一九九六年，我在馬來西亞莎亞南體育館，曾經創下八萬人集會聽講演的紀錄；時隔十六年後，二〇一二年十一月，我們又再次舉辦一場同是八萬人集會的講演。這可以說是我在馬來西亞結緣講說五十年來，再次掀起聽法的旋風，承蒙當地信徒護法及媒體界對我的厚愛。

我一生在世界各地演講，不只講了百千個場次以上，不過，我都沒有收過任何的講演費或鐘點費。講演了以後，我還要感謝請我講演的人。有一次，臺北有一個工廠找我講演，後來他們要供養我兩萬塊錢，我沒有辦法拒絕，我心想，他們有賺錢，就承蒙好意收下吧！我接受了以後，還可以布施給需要的人。

另外，數年前，有幾次在美國西來大學以遠距教學的方式講《六祖壇經》、《心經》等，五天課程，每人酌收美金三百元，不過，講完也就捐給主辦單位了。

我在臺灣省政府訓練團做過多年講師，也沒有收過鐘點費，不過有汽油費，但汽油費都沒有直接跟我算過，我都是請司機簽個字，再捐回給他們作為買書的費用或補貼其他。

多年來，我到各處講經說法，有許多的供養我也沒有收過。每次在臺北普門寺講演過後，總有信徒要給我紅包，曾經有一位信徒要給我紅包，給了幾年，都沒有辦法交到我手裡。因為我在台上講完，下台後，就直接從後電梯走了。從今天到明天、從明年到後年，信徒的紅包在皮包裡都磨爛了，還交不到我的手中。尤其近年來，我對信徒的紅包更是感到於心不忍，我應「將此身心奉塵剎，是則名為報佛恩」，如果貪圖信徒的紅包，還能算一個慈悲的法師嗎？所以我對此盡量不用、不買、不擄有，這也自是有一番體會了。

藉講演擴展弘法之路

回顧這一生數十年的歲月，可以說，我講過多少的鄉村、講過多少的寺院，甚至全臺灣的監獄，幾乎每一所都去講說過佛法，也到各個大學、中學去講，再講到國際上的大學，如哈佛、耶魯、康乃爾大學；大陸的北京、復旦、交通、南京等大學，我也去做過講演。

看起來好像我很神氣，甚至應該感到驕傲，各處的大學都紛紛請我講演；其實不是的，反而我常常感覺慚愧，我哪裡能有什麼東西在大學講？這都是佛法的因緣。因為他們沒有聽過佛法，而我在佛教幾十年來的醞釀、溫習，總知道一點人生的佛法，生活的佛法，在煩惱苦悶的時候，知道該如何用佛法來鼓勵自己。因此，能獲得大家的會心一笑，或擇其善者而從之，又或者是我個人的野人獻曝，只希望對大家有利益、有貢獻。

我一生做人，自覺有些慈悲、忍耐，也講信用、承諾，也講究發心、勤勞，尤其守時、慈悲喜捨等這許多性格。我演講過後，也嚴格要求自己，既然講說給人聽，自己也必須要能做到。我也覺得個人沒有什麼專長或藝能，但是我從講演中不斷自我學習、自我訓練、自我成長，可以說收穫甚多。

◆本文出自二〇一三年《百年佛緣 2—生活篇 2》

◆說話的目的，是要溝通彼此的思想、看法，說話也可以估量一個人的人格、個性和知識。因此，先思而後發言，可以減少說話的過失。

◆人生中，每一次的經驗都是前進的基石；生命間，每一次的成敗都是未來的借鏡。

摘自〈佛光菜根譚〉

一筆字的奇事

每當早上天空還濛濛亮的時候，我就起身，開電燈，開啟了每日早晨的功課——「一筆字」書法。舉凡「正命」、「無盡藏」、「行走山河」、「仁慈天下」的字句，我規定自己每天至少要寫上五十張。可惜，因為我的眼睛看不到字，只有憑靠感覺，對準了中線，便一筆到底地把宣紙上要寫的字句，一次寫完；否則，中途停頓，也就不知道如何銜接上下筆畫了。因為每天固定書寫，好或不好也都不計較，我就姑且將它定名為「一筆字」。

我自知一生有許多缺點，例如：五音不全、不喜積聚等。尤其從小沒有練字的習慣，所以凡是教書時黑板上的粉筆字、筆記上的鋼筆字，都顯得軟弱無力。但環境能造就一個人的轉變，一九五三年初，當我駐錫宜蘭雷音寺這間簡陋的小廟時，每年都要做一次佛七法會，因為沒有錢粉刷道場，只得買些紅、黃、綠等顏色的招貼紙，寫一些勉勵大家念佛修行的法語來張貼，也算是一回的布置了。

茶日子官網

Dae365 | 蒸菁綠茶

採用蒸菁工藝製成，保留鮮葉的天然物質及豐富的葉綠素和兒茶素，茶湯嫩綠滋味甘醇並帶些許綠豆香氣。

Dae365 | 不知春烏龍茶

冬季時偶然的暖風及雨水使茶樹提早發芽。不知春帶有非常特殊的粉嫩花香，茶湯清甜順喉，廣受大家喜愛。

Dae365 | 包種茶

包種茶為台灣知名茶品之一，茶湯滋味圓滑，香氣宜人，具有優雅芬芳的清香，口感清新。

Dae365 | 高山烏龍茶

具有奔放的野薑花香，香氣極為高揚，茶湯滋味圓滑綿密，擁有持久濃鬱的回甘。

Dae365 | 黃梔花綠茶

以窨製工藝製成，利用花朵吐香、茶葉吸香特性，將黃梔花的花水吸附於綠茶上，茶葉香氣醇雅，茶湯順口甘醇。

Dae365 | 夜來香紅茶

以窨製工藝製成，利用花朵吐香、茶葉吸香特性，將夜來香的花水吸附於紅茶上，沖泡後芬芳撲鼻而來，入口花香濃郁，茶湯厚實。

Dae365 | 白鷺紅茶

台茶 17 號（白鷺）所製成的紅茶，特色為清爽的鮮花香氣，茶湯帶些許蜜香甜味，入口不苦澀，甘醇韻遠。

Dae365 | 紅玉紅茶

台茶 18 號（紅玉）曾被日本茶專家譽為特有『台灣香』，在世界知名紅茶中極為獨特，堪稱世界頂級紅茶。茶湯水色金紅鮮明，滋味濃醇，並帶淡淡的薄荷與肉桂香。

{ Dae 365 嚮往的日子 }

茶日子陪您在繁忙生活中，用台灣在地好茶，來體會日子，因為 Dae 365，日日都是好日。

{ 茶日子 Dae by Day }

結合 365 個好日與 365 種好茶配方，100% 台灣茶為基底，依不同時節搭配嚴選自世界各地優質產區生產的原料，按一定比例調配而成的複方茶，品質穩定，茶香甘醇。

{ TEA PROJECT INSPIRED BY 365 DAYS }

茶日子

DAE
by
DAY

好日子，定義可以自己決定
茶日子，喝茶不用挑日子，因為 365 日，日日是好日
{ TEA PROJECT INSPIRED BY 365 DAYS }

每年一次的「佛七」，至少都要寫個八十張左右的標語，光是構思文句就要花去一、兩天。只是，每寫好一張，自己看了都覺得還不能見人。可是光復初期的臺灣，又沒有什麼書法大家，也不認識什麼能人之士，不得已，字雖不好，總比什麼都沒有要好，也就勉強地再寫下去了。等到第二年，招貼紙褪色了，再換新重寫。就這樣，一年又過一年，我連續寫了二十六年，未曾中斷。

說實在，一年才寫一次，自覺在字體的美感上，實在沒有什麼進步。可是偶爾有些年輕的弟子又會對我說：「師父，你寫兩個字給我好嗎？」因為是徒弟，不會說我寫得不好，都是說我「字寫得進步了」、「很好看」之類讚美的話，那麼，我也就自覺得意，而樂於廣結善緣了。

只是，往往下筆之後，看了看，還是覺得寫得不好。不過，一方面，我心裡也想，那是你跟我要的，又不是我強迫你接受的，也就不再感到愧疚了。

寫出一所大學

記不清詳細的時日，在一九九〇年代的某一天，偶然的因緣之下，我前往臺北慈容法師主持的普門寺。那時，他們正在隔壁的佛殿裡舉行梁皇法會，禮拜《梁皇寶懺》，我在佛殿後方的辦公室裡等待。因為大家都去拜懺了，辦公桌沒有人使用，不曉得是哪一位弟子的桌上擺有筆墨，我就在那裡坐下，信手拈來，便書寫了幾個大字。

就在收筆的那一刻，忽然間，一位年老的婦女走進來，一面悄悄地遞給我一個厚厚的紅包，一面還叮囑說：「師父，這是給你的，你可不要給佛光山喔！」我一向不喜愛收紅包，但是在這時候，強硬地拉扯也不好看。所以，我就順手寫了四個字送給她。可憐地，那個時候，連一張宣紙都沒有，只是用了一張薄薄的油印紙，也算是「秀才人情紙一張」，聊表心意了。

但是過了一會兒，她又從佛堂裡回來，開心地對我說：「師父，大家都想要你寫一張字送他們，並且都已預備好十萬塊錢，要來向你索字了。」我一聽，很納悶地說：「我又不是賣字的！」

原來，這一位老太太拿了我的字之後，就到佛堂裡去炫耀說：「這是大師給我的字！」大家一聽，紛紛說：「我也要、我也要！」於是，老太太就對他們說：「這可是十萬塊錢供養才有的呢。」前來拜《梁皇寶懺》的數百人，家庭經濟都有相當基礎，十萬元還嚇不著他們，各個也就都說：「我們也有十萬塊錢！」

那時候，我忽然想到美國西來大學正在籌款建校，能有這十萬元的幫助，也是很重要。因此，就義不容辭地和大家結緣了。一天下來，我竟然寫了四百多張字。當然，我寫字不是朝「錢」看的，只是想給人歡喜罷了。不過，既然大家有心，我也就做了交代：「假如因為我的字，而能有善款，那麼就全部匯給西來大學作為建校基金吧。」

沒想到，消息一傳開，第二天，另外一班來拜《梁皇寶懺》的數百位信徒，又開始了一片索字的熱潮。他們聽到昨天熱烈索字的情況，也都說：「我們要大師寫的字！」這回，我又被逼上梁山了，只有苦苦地在那張桌子上又寫了一天。一整天下來，也是寫了幾百張。真可以說，當初西來大學的創辦，並沒有對外化緣，都是參與拜《梁皇寶懺》的信徒們，為了與大家一樣，想要得到這麼一張紙，進而才成就的。

由於這樣的因緣，我心裡就想，寫個字，也能有這麼大的好處，還寫出一間大學來，看起來，今後真有人要字的話，我就跟他結緣好了。

隨興所至的書寫習慣

順道一提，我沒有什麼私人的生活空間，既沒有書房，也沒有辦公場所，甚至連一張辦公桌都沒有。當初建設佛光山的時候，所有的建築都不是建築師完成的，就只是我和一位初中畢業，不會畫建築設計圖，也不會計算三角幾何的木工蕭頂順先生，在沒有辦公桌、沒有電話、沒有圓規、工具的情況下，以一根樹枝在泥地上談論建築規畫，由我一面告訴他要多大、多小，要這樣、那樣，口耳傳述建築而成的。不過，也幸虧那時候山坡地開發不需要建築執照，才能成就今日的佛光山。

相較於一般人寫字要有一張像樣的桌子、紙張要平整的條件，才能寫出好字，現在的我，也只有在一張會議桌上揮灑大字。二十年前，大木設計公司的負責人彭伯平先生，送了我一張人家丟棄不要的會議桌，長近五公尺，寬不到兩公尺，平時除了寫字以外，我還把它作為訪客談話、日常飯食之用。例如，我接待過的李登輝、陳水扁總統，及陳履安、郝柏村、吳伯雄、宋楚瑜、吳敦義先生等，他們都曾在這張會議桌上，品嘗過我請他們喝的茶、吃的飯。

再說寫字的時候，我的身旁總是圍繞著很多徒眾，這個要一張字、那個要一張字，我總也要平等、普遍地結緣，讓大家都能皆大歡喜。不過，雖然寫字的時候，觀眾很多，大家七嘴八舌，可惜因為是弟子，他們都不敢批評我的字，大都是說：「師父的字進步了」、「師父的字寫得好」，只有偶爾聽到人說：「太瘦了！」尤其蕭碧霞師姑，她還跟我開玩笑說：「你不要老是寫得像趙飛燕的字，應該寫一些像楊貴妃的字。」這個意思就是要我把字寫胖一點，我也就只有仔細揣摩、改進了。

雖然我已經年老，眼睛視力近於零，但是還好有過去那麼一點寫字的基礎，所以現在提筆再寫，一筆到底，也都能心想事成，大家仍然是說：「很好、很好！」那麼我也就不遑多讓，持續地寫下去了。

今年是二〇一二年，十六年前，我七十歲的時候，右手開始出現顫抖的情況，已經不能再寫字，所以著作《往事百語》的內容，都是由我口述，弟子滿果幫我記錄的。尤其二〇〇〇年，我創辦《人間福報》的時候，除了右手顫抖，眼睛也因為糖尿病的關係，視力變得模糊，所以在報上發表的「迷悟之間」、「人間萬事」專欄，也都是由滿義為我做口述記錄。

只是，文字的記錄，不是人人能做，沒有滿果、滿義的時候，我無所事事，也就只好利用時間寫字。橫豎「一筆字」寫得好與不好，也都不計較，就自在地揮灑了。

但是就在這個時候，柴松林教授跟我說，徐州的茱萸寺要我題寫匾額；郝柏村先生要我為鹽城淨土寺題書……他們都說我字寫得好。消息傳開了以後，現在不少的寺廟道場，也都要我替他們題書匾額。

實在慚愧，我自覺我的字體還沒有成形。但是，佛陀紀念館在建築中，弟子如常對我說，那裡需要很多的佛法偈語，貼在牆上以增莊嚴。我不敢承當，就邀請了李奇茂先生幫我找了一些書法家來書寫，可是弟子們卻認為，不一定全都由書法家寫，而慫恿我說：「師父，您來寫吧！」我也就隨喜地寫了二十二幅古德偈語。最後，他們還不由我分說地就把它們刻石在牆面上。沒想到，見者都還首肯，因此，也就更增加了我的信心。這回我也就想，我是真的可以寫字了，我的字可以見人了！

從心出發的一筆字

其實，在二〇〇七年，我就應邀舉辦「覺有情」書法展。那時很榮幸地能與趙樸初長者的遺墨同時在無錫展出。記得於趙樸老的書法展覽會上，我還講話：「你們要我的字和趙樸老的字在一起展出，趙樸老的字是中國一流的，我哪能和他比？實為慚愧，你們要看我的字，真是不敢見人的。不過，希望你們要看我的心，我自覺還有一點慈悲、一點隨喜的好心。」

幾年後，在我一筆字寫開來後，儘管我早已是風燭殘年的老人，手抖厲害、幾近眼瞎，只是以模糊的影像書寫大字，排遣歲月，但是各方的徒眾卻都把我當作出產書法字的寶山，稱我的字為「墨寶」。我一再不許他們如此稱呼，要大家改口說是「一筆字」，我才肯為他們再寫。為了獲得我的字，大家也都很知趣地不再高抬字的價值了。

承蒙信徒大眾的抬愛，繼二、三十年前，寫字寫出一所西來大學之後，近年來，歐洲多所寺廟，如：佛光山在瑞士日內瓦的國際會議中心、法國法華禪寺等，也都是靠我寫字興建起來的。

徒弟們也真是可愛，居然有人顧不得我的字能否登大雅之堂，就拿到各國去展出了。尤其弟子如常是藝術研究所的高材生，在她畢業後，一次又一次地把我寫的字紙積聚起來，陸陸續續在臺灣、香港、澳洲、紐西蘭、美國、日本等國家地區及馬來西亞國家美術館、美國柏克萊大學、湖南省博物館、重慶三峽博物館、南京博物院、揚州雙博館、北京中國美術館展覽。

在這許多地方展出的時候，她也都要我前去觀賞，但是實在說，我只有看到空間的布置之美，就算是偶爾走到字的前面，我也都匆匆而過，不敢駐足觀覽。

有一次特別的展出經驗，倒是值得一提。二〇〇九年，非洲甘比亞駐維也納聯合國大使蘇哈博士（Dr. György Suha）主動提出，邀請我到聯合國展出「一筆字」書法。據聞，這是歷史上第一次有出家人的作品在聯合國展出，但是由於旅途遙遠，實非我老邁之身所能負荷，也就不克前往。不過，我還是特別錄製了一段簡短的談話，讓大家知道展出的因緣和字句的意義。後來，聽說有來自一百五十多個國家的代表前往捧場，真是叫我大感意外。

目前佛光山又在澳洲興辦南天大學，這回大家也想效法西來大學的模式，所以紛紛要我寫字。所幸地，感謝旅居澳洲雪梨的信徒們不嫌棄，隨喜成就，我的「一筆字」才能像成就西來大學一樣，再度成就了南天大學的創辦。

不過，給我鼓勵最大的還是在中國大陸宜興，負責佛光祖庭大覺寺建設工程的妙士法師，她經常打電話回來給我，說：「師父，您的這一幅字，我送給哪一位企業家，他捐了一百萬人民幣；您的那一幅字，我送給了一間茶莊，他們捐了一百二十萬元；有一家百貨公司要想出兩百萬元，拜託您替他們寫四個字……」關於字的價碼，姑且不去談它，不過，「一筆字」給妙士帶來的鼓勵，確實讓她很興高采烈地埋首在那裡建設祖庭。我想，這也是佛祖加被吧！

寫字為快樂之本

過去，每一次出遠門，為了與各地的朋友結緣，我都會攜帶一些著作、書籍。只是沉重的行李，不但難以攜帶，還多次讓海關加收了超重費。自從我寫字之後，也就帶給我許多的方便，只要一捆字帶著，就能送給幾十個朋友。不過，送字給人也是有藝術的，要看什麼人送什麼字。

例如，有一次，我得知信徒賴維正先生的貿易在歐洲做得非常成功，就寫了一個「品牌」送給他。只是看他的表情，似乎有些失望，好像在告訴我，怎麼不稱讚他的人品，而只論他的貨物有「品牌」呢？為了消除他心中的遺憾，我特地講說了一個故事給他聽。

有位先生新開了一家諮詢顧問公司，兩個星期都沒有客戶上門。好不容易，有一天來了一個穿著邋遢的人，老闆就問他：「貴姓？」

他說：「我姓李。」

「你做什麼職業？」

「我是討飯的乞丐。」

老闆聽後，很不屑地說：「乞丐李喔！你有什麼事嗎？」

他說：「我想請問你，怎麼樣才能發財？」

老闆一聽，難以置信地說：「叫化子也想發財？」

乞丐李對於老闆輕蔑的口吻深不以為然，就回說：「叫化子向人要錢，當然也是希望發財啊！」

老闆聽後想了想，還是覺得納悶。不過，好不容易才有客戶登門，也就不再計較了，便接受了乞丐李的請託。

由於這是第一筆生意，老闆使出了一點花招，告訴乞丐李說：「乞丐李！日後只要有人從你討飯的地方經過，要給你錢，無論如何，你都只收五毛錢就好。假如那個人給了你一塊錢，你就找他五毛錢，如果是給兩塊錢，或者更多，你也絕對不可以接受，永遠只能收五毛錢。」

叫化李無法接受這種方式，就說：「那怎麼行？向人家討錢，當然是越多越好啊！」

於是老闆就說：「越多越好嗎？那人家就不給你了啊！如果你只收五毛錢，人家還會好奇，一個叫化子竟然這麼有品格，也能把個乞丐做出品牌來，無論給他多少錢，他都只收五毛錢。那麼消息傳出後，你就會發財了！」

在老闆一番說示之後，叫化李彎腰辭謝就要離開。老闆見狀，馬上就叫住他，問說：「顧問費呢？」

只見叫化李一副理所當然的樣子，說道：「叫化子哪裡有顧問費？等到將來討到錢再給你吧！」

老闆想想，他說的也沒錯，事情也就這麼算了。

回去後，叫化李依照老闆指示的方法，如法炮製，果真遠近好奇，怎麼會有個叫化子只要五毛錢？也就接連不斷地，這個人給五毛錢、那個人給五毛錢，大家都想要來看看這個叫化子的真面目。

過後不久，聽說叫化李在中山公園門口討錢，顧問公司老闆利用公暇之餘，就順道到那裡一探究竟。只見人群圍繞了好幾層，他心裡想：還是不要打閒岔好了，便轉身回家去了。

未幾，在一個陰雨綿綿的下雨天，叫化李又來到了諮詢顧問公司。老闆見他來，就問：「叫化李，你又來做什麼？」

「繳顧問費啊！我現在賺錢了。」

說到這裡，這個叫化李還是滿講信用的，果真是有那麼一點「品牌」。

之後再有一次，老闆朝公園門口經過，只是這回看到的叫化子，已經不是叫化李了。他只有四處尋覓，口中並且還輕聲喊道：「叫化李、叫化李！」

沒想到，蹲坐在那裡的叫化子聽到了，就回答：「你叫我師父啊！」原來，現在已經換成徒弟在討飯了。

老闆就問：「你師父呢？」

「師父到百貨公司去開店，他現在已經發財了。但是他說這個地方有品牌，地理位置很好，叫我接替他留在這裡討錢。」

這時，我就告訴賴維正先生說，無論做什麼事業，「品牌」最重要。他聽了之後，滿心歡喜，要我再為他多寫幾張「品牌」，好送給他的朋友。我也一樣歡喜地就答應下來，還不只寫了好幾十張給他。總之，人也好，物也好，字也好，無論什麼，都需要「品牌」。

在我寫字的歲月中，有一次，《中國時報》的記者蘇正國先生跟我說，一九四九年，山東煙台聯合中學張敏之校長，率領了五千個學生前來臺灣，不久，卻在澎湖被誣衊為匪諜，冤屈而死，身後留下了他的妻子王培五女士，孤苦地把五、六個小兒小女養大。很令人欣慰的是，現在她的子女們各個都很有成就，其中，還有人在美國擔任了商業部長。

當老媽媽要過一百歲壽誕的時候，兒女們想：母親一生患難，什麼大風大浪都經歷過，很難再有什麼事情打動得了她的心。所以在她一百歲的時候，也就希望我能為她題寫四個字，給她歡喜。對於能為這麼一位偉大的母親過壽，我當然是很樂意提筆，也就寫下了四個字「無量壽佛」，表達祝賀之意。

諸如此類的事情一多，也讓我覺得，寫字竟能有這麼大的功用，就更加地把寫字當作念佛參禪一般，加倍用心了。

二〇〇八年，中國大陸舉辦奧運會，我受邀前去北京觀賞開幕式，回程轉往美國弘法。在西來寺停留期間，有一天比較空閒，我就問一位徒眾：「你知道我有多少錢嗎？」他回答我說：「師父，你有三千多萬臺幣。」

我一聽，嚇了一跳，我一生自許不要錢、不積聚，所有的錢都捐給佛光山，或者給各個別分院建寺，怎麼在西來寺還存有三千多萬的臺幣？這是非常嚴重的事情。一想到我現在老了，萬一有個長短，外界最關心的，一定是「星雲大師有多少錢？」擁有三千多萬元，那也實在太多了。

所以，我就和幾位弟子商量，要將這許多錢送給常住。可是弟子卻說：「師父，你捐給常住的已經夠多了，何況常住現在也漸漸能夠自立，不必要用到你的錢了，你還是做你想要做的事吧！」我說：「那就捐給大學吧！」他又說：「現在大學已經在辦理中，你這兩個錢捐給大學，也算不了一回什麼幫助，為了發揮捐款的長久意義，最好成立一個公益信託基金。」我一聽，正中下懷，就說：「好！我們就以這三千萬元做基礎，把它存到銀行，成立公益信託教育基金吧！」

這段期間，我都沒有過問，也沒有對外宣傳，但是不到一年，就聽說帳戶裡已經有四千萬的臺幣了。我很訝異，錢是從哪裡來的呢？徒眾告訴我說：「有人為了響應你的公益基金，把錢都送到銀行去了。例如，賴義明先生捐了一百萬元，辜懷箴女士也捐了三十萬元等等，各路捐款積聚起來，現在也就有四千萬元了。」

我一聽，覺得這是很好的現象，可見得臺灣人經常參與救苦、救難、救災，已經養成了行善的習慣，對於做公益，也就都很熱心了。

之後，我也想好好地籌措公益基金，幫助或獎勵更多的人。但是我沒有別的能量，又怎麼能增加公益基金的收入呢？於是徒眾鼓勵我以寫字來增加善款。出乎意料之外地，有很多信徒要以二十萬元來購買一張我的「一筆字」。其實，很慚愧，那樣薄薄的一張紙，就算是人家喜愛，買個五千元也差不多了，哪裡能值二十萬元？但是善心人士往往不計較這許多，就這樣，臺北兩百人、臺中一百人、高雄一百人，以及各個地區所有人等的善心，一下子就讓公益基金增加到四億元左右了。

後來，又承蒙香港企業家胡楊新慧女士，聯合了澳門企業界，舉辦了一場「一筆字慈善拍賣會」，將所得全數捐作公益基金，也就使得善款更上一層樓了。

所謂「公益信託基金」，即是在錢存到銀行之後，任何人都不能隨便動用，必須合乎公共利益的宗旨，才能由銀行撥付款項。我覺得這個方式很公正、公平，金錢不會為私人所操縱。所以，後來我就請弟子協助我成立「真善美新聞傳播獎」、「全球華文文學獎」、「三好實踐校園獎」、「教育獎」等，每年固定從基金中撥出款項獎勵得獎人。我們並且禮請天下文化的創辦人高希均教授、臺灣文學館的李瑞騰館長、佛光大學的楊朝祥校長，分別擔任四個獎項的評議委員會主任委員。

所謂「助人為快樂之本」，看到得獎人歷盡千辛萬苦，最後能獲得獎勵，乃至於一些藝文團體可以得到資助，繼續完成理想，我也感到很歡喜。總覺得，自己這一生，接受別人給予的鼓勵和支持實在太多了，現在能給別人一些快樂、一些希望，也就盡心力而為之了。

在書寫「一筆字」的過程，有一年佛光山召開徒眾講習會，我一千三百多位出家弟子遠從五大洲各處回來，想到他們弘法的艱辛，沒有什麼好東西獎勵，就為他們每一個人寫了一張字。

花了我好幾天才寫成的一千多張字，在會議場上分給大家時，有的人很興奮，但也有的人很平淡，認為那只是一張紙。所以，也讓我感覺到「師父難為也！」想來，也是沒錯，我雖然是花了好幾天的時間完成「一筆字」，但是在他們心中也只不過是得到一張紙，這又算什麼呢？因此，對徒弟的反應，我還是心懷歉意的。

以字結緣的心境

雖然如此，我還是希望徒弟們不要只看字形，而要看字意，字句中有一些古德的開示教誨，對我們的修道還是很重要的。例如，臺北道場住持覺元法師就能懂得此中道理，當她拿到「謹言慎行」四個字時，就一直高興不已，認為這一句話對她的人生實在太重要了，凡事都應該謹言慎行！

人世間有許多奇妙的事情，關於我的字，也傳說了很多的神奇事蹟。有徒眾告訴我，信徒林素芳居士家裡有小偷闖入，什麼東西都沒有動，就只有偷走我寫的一張字。聽她這麼說，我還真願意再寫十張來送她呢。也有人說，某一戶人家失火，什麼東西都燒去了，只有貼在牆壁上的這一張紙沒有燒去。乃至於為我裱字的黃太太，家中堆疊著我的字，在一次嚴重的水患，左鄰右舍飽受淹水之害，正在擔心這些字會受潮，竟然只有她家得以倖免水難，她也就一再說是因為我的字而得救的。

另外，有一次北京企業家李小剛先生來山參訪，正逢佛光緣美術館展出我的「一筆字」，忽然間，他看見一幅「有您真好」的字，內心非常激動。原來，打從他出生後，開口對父親說的第一句話就是「好」，為了表達對父親的養育之恩，他也就一再想要買下這幅字。只是，同時間，另一個人也因為這幅字，受到莫名感動而淚流不止，很想擁有。兩人為此，不知如何是好，在我輾轉得知此事後，就為他們再寫了一幅，終得圓滿兩人的心願。

也有為人父母者說，他不打算把財產留給兒孫，只要為他們留下兩張我的字，一張給大兒子，一張給二兒子。聽到他們的這些描述，還真發現寫字的趣談及妙事很多啊！

除了近年來每日書寫的「一筆字」，我從一九九六年開始，提筆寫了「平安吉祥」新春賀詞之後，也就每年都會書寫春聯與信徒結緣。我陸續寫下的有：「祥和歡喜」、「圓滿自在」、「安樂富有」、「千喜萬福」、「世紀生春」、「善緣好運」、「妙心吉祥」、「身心自在」、「共生吉祥」、「春來福到」。到了二〇〇七年，我則改以十二生肖來構思詞句，寫了「諸事圓滿」（豬年），「子德芬芳．眾緣和諧」（鼠年），「生耕致富」（牛年）、「威德福海」（虎年）、「巧智慧心」（兔年）、「龍天護佑」（龍年），甚至二〇一三年的「曲直向前．福慧雙全」（蛇年）也寫好了。

我書寫新春賀詞，並沒有其他意思，只希望恢復中華文化的固有道德，讓所有人等在春節的時候，不要只是遊樂而已，還能更進一步以紅紙上的隻字片語，作為勉勵，增添人間的喜氣。就這樣，十多年來，蒙受弟子的普遍印行，目前在全世界已經發行了數百萬張，中華文化不也就逐漸傳播於五大洲了嗎？

總而言之，我想，近年來，我雖然眼睛看不見，但是在持之以恆地書寫、練習之下，仍得以完成不可能的任務，也可以算是創下「一筆字」的奇蹟了吧。

◆本文出自二〇一三年《百年佛緣 4－社緣篇 2》

◆世間上沒有小人物，只要發大心，就是大人物；
世間上沒有大問題，只要虛其心，就沒大不了。

◆萬貫家財，不如一技在身；滿腹經綸，不如一善在心；
高談闊論，不如一言九鼎；長篇累牘，不如一字千金。

摘自〈佛光菜根譚〉

我怎樣管理佛光山

常有人讚歎佛光山的管理有序，是一個無諍的團體，就問我：「你是怎麼樣管理的？」一時之間，叫我還真難以回答。因為「法無定法」，管理哪裡有一定的成規呢？假如要說有根據的話，那就是佛教的戒律了。但是佛教的戒律，又由於地理、時代、氣候、習俗等等不同，也不能一以概之。若說要用清規，也由於人員的不同、事業的不同，各種性格，為了適應種種差異，需要有所變化。

因此，「管理」沒有辦法用一個法就可以來總括說明，全在於一種「存好念」、「與人為善」、「從善如流」，一切為人去設想。

就好像政治，它是為民服務的，不是用權力來壓制的；如果是服務的政治，一定是皆大歡喜；反之，壓制的政治，必定也招致反抗。所以我常說，我的管理學完全是順乎自然吧！因為我總想，天有天的性格，地有地的性格，人有人的性格，物有物的性格，你能順應天時、地利、人和，並且活用，那就會皆大歡喜了。

臺灣大學曾有人發起要我去講授「管理學」，很慚愧，你要我講課，我還真不知道從何講起，因為我平常待人處世，大概只有一個「誠」、一個「理」，講究信用、講究尊重，若要講學術理論，我就不知道如何講了。

一般講管理，大概不離管財、管事、管人。其實，人在世間上不是一定為金錢來服務的，錢再多也不能滿足人的欲望，我想，給人尊重、給人方便、給人歡喜，那是最容易讓人滿足的了。所以我跟人相處不容易起紛爭，主要是因為我總是因人、因事、因種種的不同，而給他適當合理的交代就好了。

說到「管理」，我的管理就是「不管理」。這句話聽起來好像不太合理，不管理的社會團體，不是更混亂嗎？其實不然也。道家講「無為而治」，佛教講「自我覺悟」，每一個人能夠自我覺悟，就是自己管理自己，每一個人都是管理師，何必要什麼「管理學」呢？

現在的時代，管理學非常普遍，有學校管理、醫院管理、工廠管理、財務管理、人事管理……到處都是管理學。管理學的類別很多，其實真正的管理，就是「不管理」。因為有的人越管理越亂，不管而管，才是高招；再者，管理的人固然要高竿，被管理的人也不能太自我，被管理的人要靈巧、要有自覺，這樣就好管理了。一個再好的領袖，遇到愚鈍者，也會束手無策，或者優秀的幹部，遇到不好的主管，也難以發揮才能，這對雙方而言都很麻煩。所以，管理不是個人的事情，是需要團隊一起成就的。

好比有一次我在美國西來寺，有一個徒眾反應不過來，我問他：「你學什麼的？」他說：「我是學管理的。」我就想到，管理財務容易，因為金錢不講話；管理事務也容易，因為事也不講話；管理人這就很麻煩了，因為人有意見，有看法。但事實上，管人也還容易，真正難管的是管「心」。所以我常說，管理的最高境界是「心」的管理。

說到管理，無論是金錢的管理、人事的管理、物品的管理，要想到管理，一定要了解到「因果」，所謂「因地不正，果招迂曲」，如果你一開始沒有把方法、制度訂好，當然問題就會不斷發生；假如事先訂定的法制，都能夠適合大家的需要，後面的情況就自然簡單無事了。

「權力」與「財務」的區隔

金錢的問題，在佛教裡，連沙彌都要受持「不捉持金銀寶物」，這在過去社會的僧團，沒有銀行存款儲蓄的問題，當然可以做得到。但是，現在時代不同了，需要有合理的經濟，才能有合理的生活。我自己出身貧苦，養成不要錢的習慣，但也有人窮苦多了，需求多了，就養成了貪婪的習性。所幸，我因為「空無」已經成為生活的重心，所以在金錢上，我也以「空無」來對付。

但是，個人可以空無，建寺安僧就不是空無能解決，必須要有一個健全的財務管理制度。而我的財務制度就是：「有權力的人不可以管理金錢；管理金錢的人不可以擁有權力。」也就是說，有權的人用錢，要用得有理；管錢的人沒有權，管理也要管得有分寸。

佛光山早期的一級主管，他們參與建寺開山，有人負責建築，有人負責教育，有人負責文化，有人負責生活，他們都握有很大的權力，但是他們不能涉及到金錢的存取。金錢都由小執事擔任管理，而這個負責管理金錢的人，受有權力者的節制，使用的時候，有權的人不能隨便動用金錢，一樣要經過層層溝通，才能動用大筆金錢。

初期，我對教團的錢財是怎麼管理的呢？曾經我把錢放在屏風後面，集合徒眾，對他們說：「你們要多少錢，就到屏風後面拿。你拿一塊錢，我不會說你拿得少；你拿一萬塊，我也不會說你多拿了。錢，是給你們用的，你覺得自己需要用多少錢，可以到屏風後面去自由拿。」所謂「各取所需」，就是用錢之道。

其實，徒眾們都知道常住的財務是很艱難的，所有的物資都是來自十方，也用之於十方，特別是開山四十多年來，直到現在，常住一再地建設、工程，可以說，天天都在張羅款項，常住大眾誰敢浪費金錢呢？我主要的意思，不是要讓大家不買、不用，但是在常住裡，已供應我們有吃、有穿、有日常用品，也有醫療制度，金錢對我們來說還有什麼用處呢？所以我記得，從五十年前一百多位徒眾，到三十年前一千多個徒眾，循序走到最後，放在那裡的十萬塊錢，都沒有減少多少。

所以在佛光山，不當地使用金錢或貪汙……一概沒有這種事情發生。這都是因為小執事把關，有權的長老使用金錢的時候，他們也會向常住依法申請處理，財務清清楚楚，才能讓有權力的人不隨便使用金錢，大家才能相安無事。因此山上的執事，從當初的心平、慈莊、慈惠、慈容等，他們沒有跑過銀行，也沒有記過帳目，大家都只是想到常住沒有錢，必須克勤克儉，佛光山才能有未來。

千金散盡的價值

關於財務的運用，我是覺得國家應該要富有，我們團體應該要貧窮，特別是寺院道場。所以我的信念是要「讓佛光山窮苦」，窮苦才能生存長久。

因為金錢可以成事，也可以壞事，如果錢多了，會生事端，就會產生不肖子孫，好比很多有錢人家子弟，就是因為錢財太多，沒有好的結局，這就是我主張佛光山要窮的原因。沒有錢、貧窮，佛光山之所以無諍，這就是最重要的理由。所以數十年來，都沒有人敢在佛光山說要當家管錢。但假如有存款了，也要周告大家，讓大家知道應該要如何運用，必須集合眾議，才能動用大額公款。

不過，「不要錢」不是很圓滿的觀念，要知道即使有錢也是大眾的，不是自己的。所以，有時錢來了，你也不能隨便就把它花費了。

因此，我想到一些花錢的事業，那就是辦大學、辦電視台、辦報紙等文教事業。這些都是無底深坑的事業，無論貼下去多少錢都不夠用，所以佛光山永遠都要為了辦這些文教事業，同時又要辦救濟、辦施診醫療、辦養老育幼等等而努力，因此，佛光山幾十年來一直鬧窮。

但是，沒有關係，窮才會奮發、窮才有力量、窮才肯上進。如果你貧窮，又不奮力上進，大學就沒有了，電視台就沒有了，報紙就沒有了，一切都沒有了，你還能生存嗎？所以佛光子弟都知道自己的任務，任重道遠，大家都得努力撙節開支、開源節流、大公無私，一切以社會服務為主。

貧窮還有一個好處，有的人一有了錢，修道就會出問題。例如：你稍微管理他嚴格一點，他就生氣，一生氣就走了，或者賭氣說：「我有錢，我自己到別處去建寺廟。」或者說：「我可以買飛機票到國外去旅行，我不要受你管理。」這樣就不能安住守道，這個人就會因為有錢而失敗。相反的，假如他貧窮、沒有錢，無處可去，可能他忍耐一下，過了明天，事情又會不同了。

所以，有錢會作怪，必須要有大道德、大智慧、大慈悲、大包容、大根器的人，才有資格擁有金錢。如果金錢用之於公家，用之於大眾，大都平安無事；假如用於自己，有了錢，會使人自私好吃，有了錢，會使人懶惰玩樂，一個好吃、自私、玩樂、懶惰的人，你說，他還會成器嗎？貧窮、淡泊是美好的生活，尤其一個修道的人不可以有錢，這是不變的原則。因此，佛陀一直警告我們要「少欲知足」，就是這樣的道理。

金錢不要是可以的，但是你要有道德、你要有學問、你要有能力、你要有智慧、你要有慈悲，因為那許多都可以化為金錢。就等於世間上的人，有的人只喜歡向錢看，其實比金錢重要的更多。例如健康，你有錢不健康，有什麼用呢？如歡喜，你有錢不歡喜，有什麼用呢？例如平安，你有錢不平安有什麼趣味呢？

所以，健康、歡喜、平安、幸福比金錢重要。你不可能用金錢來換取自己的健康、歡喜、平安、幸福。金錢多了，不見得幸福歡喜，要從平淡的生活裡，找到幸福歡喜。就是有了錢，這也不會妨礙我們人生的觀念，不依金錢作威作福，不依金錢

「恃財傲物」。

二〇一二年十二月二日，世界佛教青年會一群比丘在佛光山傳燈樓問我：「你怎麼替佛教擁有這麼許多廣大的事業？」我說：「那許多事業都是大家的，我自己本身只擁有一個『空無』。」這是他們不容易了解的。

假如我個人有貪圖的心，或者覺得這是我自己的錢財，我就會存到銀行，我就會去買股票，我就會去放高利貸生利息……經營種種與錢財有關的事。

但是我知道，這些財富都不是我的，是十方來的，我應該用之於十方。因此，我是在「空無」的真理中，發展空無的事業，所以才能越來越大。

儘管如此，這些是不容易為外人所知的。幾十年來，我沒有一張辦公桌，我沒有保險櫃，我沒有存款，我沒用過鎖匙，我沒有開過支票，我沒有看過股票，即使我有權力，我也有執行力，但我不能接觸金錢。

儘管我本身實踐「空無」的理想，但事實上，我的收入還算是相當。例如：我的「一筆字」，相傳在大陸慈善義賣上，有人用幾百萬元人民幣標走；我在大陸出版的書籍，入選中國作家版稅富豪排行榜名單內。但實際上，我都沒有拿過一塊錢。出版書的版稅收入通知單還沒有寄給我，我就已經把它拿去建大覺寺、鑑鑒真圖書館了。

此外，我也經常跟其他人結緣。早期我在美國洛杉磯，就經常資助許多在美國的留學生，有的信徒知道了，心裡感動，怕我沒有錢，塞一包錢給我，甚至警告我說：「你不可以給佛光山，這是給你自己用的。」我的信徒們怕我沒有錢，不怕我有錢，其原因就是我不要錢。

但我自己要什麼錢？我又不養家活口，也沒有什麼嗜好，對於這樣熱心的人，我不得辦法拒絕的時候，只有說：「我替你做公益基金。」公益基金的存款就是這樣越來越多了。因此，我創辦「真善美新聞傳播貢獻獎」、「三好實踐校園獎」、「全球華文文學獎」、「教育獎」，希望讓這些錢財「十方來十方去，共成十方事」。

最近，我還想再辦一個「君子獎」，因為現在的社會，好人不容易出頭；過去滿社會都可以說是君子，甚至滿街都是聖人；現在，我們不知道好人在哪裡。我們不能讓社會風氣頹靡下去，必須讓好人出頭，讓對社會有所貢獻，對下一代有典範、善良的、慈悲的、友愛的影響力等具有君子風範的人被看見、被重視。

在我認為，金錢不可以拿去造罪業，要把它用在有功德的地方。這是信徒辛苦賺的錢，他們到佛教裡來做功德，我們做僧侶的人，有了點滴善款，為什麼不可以歸公呢？

當然，講到金錢，也不是空談理想，一味地「不要」，或主張「空無」，但事實上，徒眾們要穿衣、要零用、要看病，偶爾也要回家探親等等，他們還是需要一些金錢才能生活。所以，很早以前，我就規定常住每個月要發給徒眾單銀，發給大家衣單，各種日用品，讓他不至於掛念生活上的缺乏、困難，而能安心修道。甚至於我們也鼓勵徒眾一年回家探親一次，禮品都替他準備好，他就不必去掛念。古人有謂：「倉廩足，而知禮節；衣食足，而知榮辱。」我也是讓徒眾先解決生活上的顧慮，爾後，他就能全心全力為大眾服務了。

另外，我也替佛光山人眾和佛光會的人事關係，訂定一些共同遵循的規矩。例如：我規定彼此不可以共金錢來往。因為好朋友常常都是為了金錢而有紛爭，為了金錢而有意見。又例如：在佛光山可以接受信徒的捐獻油香，但佛光會只可以收取會員固定的會費，不可以自由捐獻募款化緣。

在佛門，我們講究因果觀念，每一個僧侶，他都懂得金錢與因果的關係，所以佛光山真正的帳簿，就掛在牆壁上，捐款芳名都可以讓人看得到，讓人了解。

這以上所說，就是我對財務管理的觀念。

人員管理的真平等

再來談談我對人事安排的一些想法意見。

說到人事的管理，在佛教裡，為人所詬病的，就是有人出家已經六十年了，他稱作「法師」，如果你今天出家，明天也是有人叫你「法師」，這六十年和一日，怎麼能叫作平等呢？

它必定是平等中有差別，差別中有公道，這才是真平等。所以，凡在佛光山出家者，我們就以他們的學業、道業、事業，來分別制定序級，而不是以年資為唯一標準。

序級有：清淨士、學士、修士、開士、大師等五級。如果你是初入道的，就是清淨士一級；如果已完成大學學業，可以是學士一級，如果是碩士、博士畢業，具有專才，視其能量、發心，也可以升至學士二級。原則上清淨士有六級，清淨士之後，受了戒，就可以進入學士了。

學士是每兩年升一級，共有六級；接下來是修士，每四年一審，共三級；修士之後到開士，開士則五至十年一審，有三級。如果二十歲出家入道，經過四十五年，到六十五歲左右，五堂功課正常，對於學業、事業、道業精進，對常住、對佛教有貢獻，那麼就可以升到「大師」了。

我在佛光山被推為大師，也是經過這些歲月才慢慢成長的。我出家已經七十四年，今年八十六歲，在我五十八歲於佛光山傳法退位的時候，佛光山的徒眾就議論應該給我一個封號，以區別稱謂。因為我的學業、道業、事業，都合乎他們評論的標準，大家就稱我為「大師」。所以，人事的立足點是平等的，可是發展了以後，如「三鳥飛空」，又如「三獸渡河」，大家就各有不一樣的情況了。

佛光山的事業，需要什麼樣等級的人去擔任，都有一個標準，所以設立「宗務委員會」，有各種人事的評鑑；至於人事的升遷，通道也很多，如宗委會、長老、各住持主管、傳燈會等，都可以幫助你。因為人事公平、公正、公開，還有什麼可以爭論的呢？大家都是在人生的馬拉松旅途上長跑，看誰有耐力、看誰有恆心、看誰有毅力，人人都有佛性，但是真正到「三覺圓，萬德具」也不是人人都能到達的！

過去有人說「寧帶一團兵，不領一堂僧」，其實不盡然也。因為佛陀當初制定「六和僧團」有六個方法，即：一、身和同住：是團隊的和諧；二、口和無諍：是語言的讚歎；三、意和同悅：是心意的歡喜；四、戒和同修：是法制的平等；五、見和同解：指思想的統一；六、利和同均：是財務的平均。

為了讓「六和」更生活化，所以我又再倡導人世間的「三好」。三好是指：身要做好事，口要說好話，心要存好念。此外，我也提倡「四給」：給人信心、給人歡喜、給人希望、給人方便。尤其我倡導「五和」，即自心和悅、家庭和順、人我和敬、社會和諧、世界和平。因為我對於人事最重視的，就是大家不要對立。集體創作，集體成事，有分工，也要有合作，有合作，也要分工；人事是不可以對立，有上下的程序，大家要互助、互諒、互信、互解，才能集體創作。

進退有據的規定與原則

在過去叢林的清規裡，凡是舉拳相打、破口相罵，就要開除；或者犯了殺、盜、淫、妄等根本大戒，就要開除遷單。但是現在的佛光山，我還沒有看到犯根本大戒，也沒有聽過誰有舉拳相打、破口相罵的情況。所以幾十年來，佛光山的人事管理，基本上是建立榮譽制度。大約每半個月或是一段時期，就會集合一次，大家話說自己，有過自己舉發，不要別人來說，一般人也都懂得自己懺悔改過。

我回想起來，過去在大陸叢林裡，有一些沙彌犯了過，就罰他拜佛、罰跪香，但我覺得奇怪的是，拜佛、跪香是一種榮譽，是一件好事，怎麼可以拿來作為處罰的工具呢？

所以後來佛光山的沙彌們有了過失的時候，我就「罰睡覺」，不准他們拜佛、不准誦經。因為他是有罪之人，讓他睡在床上聽著別人誦經唱誦，他的內心會波動，會感到慚愧不已，他就會自覺應該要改過。

我是提倡自覺教育的人，凡事不要人家來指責、來教訓，我們自己就先要有自覺，有了「自覺」，才能「覺他」，將來才能「覺滿」，才能與佛道相應。

佛光山也訂有自己的清規，如：「不違期剃染、不夜宿俗家、不共財往來、不染汙僧倫、不私收徒眾、不私蓄金錢、不私建道場、不私交信者、不私自募緣、不私自請託、不私置產業、不私造飲食等等。」

我們也自訂有佛光人的性格：「佛教第一，自己第二；常住第一，自己第二；大眾第一，自己第二；事業第一，自己第二。」

佛光山與其他教界最大不同的地方，是我們建立比丘與比丘尼平等的地位，我們建立僧眾與信眾有平等的待遇，我們成立七眾共有的道場和教團。

在佛光山裡，你不知道某人的身分，你問他住在哪裡，就可以了解他的情況。他說他住在東山，就知道這是屬於男眾僧部；她說她住在西山，就知道這是女眾僧部；她說她住在大慈庵，就知道這是出家三十年以上；她說她住在慧慈樓，就知道這是出家二十年以內的；她說她住在妙慧樓，這是小姐、職員住的地方；住在師姑樓，就知道是師姑；住在三好樓，就知道是義工；住在朝山會館、麻竹園，就知道是香客信眾；住在佛光精舍，就知道是養老退休的；在育幼院，就是我們的小朋友。所以在佛光山每個人各有所用，各有所需，各安其所。

我與佛光山的人眾交流，如果是屬於行政方面的執事，我大部分都是開會講話，給予原則指導；對於行單的大眾，我常常親自到現場，看看他們，跟他們講幾句話、見個面。假如信徒送給我吃的東西，聚集到一個程度，我就分給大眾。真正實行佛陀的「利和同均」制度。

以身作則，心懷眾生

在我們佛光山，凡是做住持大和尚的人，一定要領眾薰修，清晨上殿、過堂，五堂功課跟大眾一樣不可缺少。都監院是掌管寺務，供應大眾生活所需，不能有所差錯。在僧團裡，我們和世間的人一樣，到了過年也有圍爐團聚；過年以後，感謝大家的辛苦，我也會舉行普茶（茶敘），讓大家來交流聯誼。

我在佛光山也開辦好幾處滴水坊，如傳燈樓滴水坊、香光亭滴水坊、美術館滴水坊、樟樹林滴水坊。有時候徒眾誤餐，也要讓他有個去處；有時候家人、客人來了，也讓他有接待的地方。人總有朋友、親人，你替他安排好，師兄弟之間也可以相互交流，讓他覺得身為佛光山的子弟，有很大的空間，他就會安心辦道。

此外，有著作的人，我有出版社替他出版；寫文章的人，我有報紙、學報替他刊載。傳燈會和美術館還為徒眾的特殊才藝，舉辦「海會雲來集——佛光山僧眾才藝聯合展」，優異者發給他們獎金給予鼓勵。

有一項是我尤其重視的，假如你早課沒有來得及參加，我可以不跟你計較，但是不吃早餐，我是非常不能原諒的。因為吃了早餐，今天一天的工作、修道才有了開始。這一切都是人性的管理，人性的生活。

山上有寺務監院，除了寺務行政管理外，還有管食品、管用物等等。管理倉庫的人，經常要向大眾報告倉庫裡的東西，或者在每半個月出刊《佛光通訊》通告。這當中，有一個專欄叫「倉庫在說話」，舉凡常住有什麼東西，都可以在這個專欄內告知大眾，讓有需要的人可以到寺務監院申請。

寺務監院裡，大家的衣單襪鞋等儲備充分，臨時有一百人或兩百人要出家，都能隨時供應，因為寺務監院都有各種生活必需品儲備，有專責的人員管理，無有匱乏。

平時，常住每年發給大眾褂褲一套，每兩年長衫一件，鞋襪一年兩雙。現在物質充裕，所以大家也不感覺到缺乏的痛苦；不像過去的叢林清眾，總是窮困短缺的。現在本山的清眾，雖是初出家的人，穿起衣服來也都整整齊齊、堂堂正正的，出家眾走在人前，行住坐臥，都能威儀具足。

山上的米糧、蔬菜來源，也都與商家訂下一定的契約，每週多少米麵、菜量、油鹽，都按時供應。因為本山一切都有儲存，所以徒眾不必、也不需要用錢，不需要上街購買，真是像西方極樂世界一樣，心想事成、隨意所需、隨行所有。

儘管生活不需要徒眾掛念，但是佛光山所有的徒眾還是養成淡泊節儉的習慣，所以一件衣服，一穿就是幾年，一雙鞋襪，一穿就是多時；我也從來沒跟大家宣導要節省，因為徒眾已經做到了，何必要再加以畫蛇添足的嘮叨呢？

一般人認為我做事，說得好聽，是很有魄力，說得不好聽，就是很膽大。實際上，我無論做什麼事情，主要是要思前顧後，要腳踏實地，要有必成的把握；凡是對人沒有害處，對大眾有利益，要能不得罪人，要能擁護大眾的，我才會決定做這件事情。

但世間不是全面的，任何好事，總難免有一部分是有異議的，有的時候，這一點就不去計較了。因為世界上總有人有不同的意見，所以說民主時代，求其多數就好了。

例如我辦大學，很多人跟我說，這個時代少子化，不適合辦大學了；但是我覺得，教育沒有什麼時候是不適合的，只要是人，永遠都要受教育，我也就不去計較是不是時候了。

又好比辦報紙，多少的專家警告我，這時候平面媒體紛紛收場了，你怎麼又飛蛾撲火、自取滅亡？但我覺得，佛教需要一份報紙來傳播，社會需要一個健康的言論，家裡需要一份老少都能接受的報紙。這一份報紙能走進家庭，讓家裡的老少都能共同閱讀而不會感到臉紅。因此，我也就不去思考其他得失，毅然的就去辦報了。

現在《人間福報》、人間衛視雖然是經營困難一點，但是一路到現在，也是十幾年的歷史了，也沒有差其他報社慢一時一分出刊。辦大學，也沒有說減少學生，年年只有增加。可見，做一切事情，只要大眾需要、社會需要，不是只為自己，就能生存下去。

我個人一直主張，佛教要可以給人家吃得起，像佛陀在世的時候，有所謂「普同供養」的制度。但你也必須要有學有德，才能獲得別人的供養。假如你懶惰自私，是不會有人來跟你打交道的。

特別是我們出家人，要吃萬家的飯，不可以吃一家的飯。現在，有的佛教徒覺得自己個人有了某某人的護法供養、某某人的支持，他就心滿意足，不肯把佛法再去擴大，再去弘揚，實在很可惜。你縱然有你個人的才華，也不能給少數的人供養把你買斷，這就沒意義了。

因此，我們擁有的一切能量，都要把它用到極致，儘管自己本身笨拙，但是佛法給予我們的受用，給予我們的因緣機會，我們應該把它點亮發光，普照世界，毫不吝嗇，讓佛光普照。

網羅人才，傳承永續

我無論做什麼事情，其實都很歡喜和人合作，但也有一些人都很畏懼我，認為我很霸道，或是怕我吃掉他們。其實沒有，到了我這種年齡，審查走過的歷史，我吃過什麼人？我擠退過什麼人？我欠過什麼人？我有愧於什麼人？大家都可以對我做一些嚴厲的批評。

一直以來，我都只是想把自己融入到眾中，讓大家皆大歡喜。如佛陀所說：「我是眾中的一個。」把自己這一粒沙石，融入澆灌的水泥中，它才能鑄造房屋，才能成為有力量的混凝土，才有堅定的力量。

所以，佛教不重視個人，重視大眾。你說一根手指頭，再怎麼樣有力量，也都不敵五根手指頭合起來的拳頭。同樣的，個人再如何有才華，也總不及三個臭皮匠，如古人所說：「愚者千慮，必有一得。」

我很喜歡「集體創作」，所謂「集體創作」，我們並不是要大家去干涉工作的目標，而是大家只講貢獻，目標應由大家共同決定，不要先存有主觀意識。

許多人認為的團結，他只想要人家來跟我們團結，沒有想到我們去和人家團結。我個人喜歡和人團結，但是有時候人家不要我們，是怕我們。這也可能是我們自己的缺失，或者是他自己的膽怯，不夠公義，不敢訴諸於大眾。

我對於山上這麼多的單位，大家做得很有精神，感到很欣慰。佛光山全球各單位，可以說數百個以上，這麼多的單位，每一個單位都有主管，每一個主管我都必須授權，讓他可以放手去發揮，不讓他感到縛手縛腳，所謂「疑人不用，用人不疑」，因為我信任他。

像曾擔任教育部部長的楊朝祥先生，他肯到我的佛光大學來做校長；林聰明先生，教育部政務次長肯到我南華大學來做校長，高雄中山大學的吳欽杉教授，他辭去副校長的職務，到我們美國西來大學擔任校長，我都心存感謝，充分授權。

在緊鄰佛光山的義守大學校長傅勝利教授，他是耶穌教徒，有感於我對教育的行事作風，在他公務之閒，經常來佛光山，問我有什麼事要他幫忙服務的，自願要做我們的義工；最近數度到澳洲南天大學指導，貢獻意見。這許多人士，他們都是有情有義的人，不是為了利益，不是為了金錢的關係而來。

我一向是尊重人才、授權人才、利用人才，讓人才有所發展。一位年輕的比丘尼覺念法師，我把「人間衛視」統統付託給她，她一做十多年，到今日，能用極少的經費，在許多大電視臺中拚搏，著實不容易。《人間福報》剛創辦的時候，許多都是我們一群沒有經驗的年輕法師，一參與到現在就是十幾年。目前，雖然已經架構成功，但也要更加發揮影響力，所以我特地邀約《傳燈》的作者符芝瑛女士回來擔任社長，現在的《人間福報》日見進步，發行量也續有增加。

我和信徒是「不共金錢來往」，對佛教，我自認也是信徒，我有錢，也是捐給常住，我沒有錢，就自己暫時不用，絕不會向信徒借錢，信徒也不會擔心我向他開口。許多信眾，他捐了錢，也不會為了要名、要求感謝，這就是無相功德。真正的說來，佛光山的信徒，像「千家寺院、百萬人士」建的佛陀紀念館，不就是奉行佛法講的「無相布施」嗎？

關於人世間，我主張無論做什麼事情都不要對立。有一次有一個徒弟問我一生有什麼所長？我就告訴他：「與人為善，從善如流。」我也敢說，我做什麼事情都是考慮別人的利益，不完全為自己的立場著想。我不跟人對立，我也善於化除對立的糾紛，因為我主張人間應該要「皆大歡喜」。所以，像現在兩岸談判，我的意思是：大家都不要有法執、我執，能夠「皆大歡喜」不是很好嗎？

另外，我也不輕易動用義工，我也不敢輕易的勞動別人為我服務。我認為人與人之間，不是說一定要用金錢物品去交換往來，我想「情義」才是最重要的。

但是，光是情義也不足，因為「皇帝不差餓兵」，凡是年輕的人，或者是一些沒有事業的人，他來為常住服務，我們也必須要替他想一想，肚皮應該要吃飽，他才有力量奉獻。

我在佛光山跟徒眾相處，我主張「訂法要嚴，執法要寬」，我覺得不是處處都用權力、都用理由、都用法令，來置人於無退步之地。我總想，多留一點空間給他，很多事情不說破，反而會更有效果。

至於做事情，有的事情，我要求很快要完成，有的事情，我要慢慢做。因為急不得的事情，需要精雕細琢，如：編藏，草率不得，一做三十多年。快的事情，如打掃整理，我一夜之間就要把它完成。

在動物界中，螞蟻的團隊管理很成功，主要是它有領袖蟻王；蜜蜂也很會管理，因為蜜蜂群裡有蜂王。因此，人類的管理，也是要有領袖，如果領袖不行的話，這一個團體就會很糟糕。

佛光山以人間佛教的信念來凝聚眾人的共識，因此，僧團的成長，是每一個人的發心，慈悲奉獻自己心力，集體創作而成。我們「非佛不作，唯法所依」，所以所有的成就，都不是任何一個人的力量能單獨完成。我們以人間佛教的信念，「給人信心、給人歡喜、給人希望、給人方便」，就是利益眾生，歡喜無悔，所以不管再怎麼辛苦都心甘情願。在我七十四年的出家生活中，我確實受過十年嚴苛的管理人生。但是從嚴苛的管理當中，我學會了「不管而管」、「自悟自覺」教育的管理。所以我這一生，可以說，我用寬厚、平等、公平、公正、公開面對人事物，我想，那就是最好的管理學了。

◆本文出自二〇一三年《百年佛緣11－行佛篇1》

◆凡事皆有利弊，只要懂得權衡之道，往大處著眼，枯石朽木也能入藥；凡人皆有長短，只要懂得用人之道，取彼之所長，破銅爛鐵也能成鋼。

◆管理的祕訣，要公開、公正，更要公平；處世的訣竅，要知人、知情、更要知理。

摘自〈佛光菜根譚〉

卷三

從「覺他」擴展學習面

當自學獲得智慧與喜樂後，

可透過許多方法「覺他」，

例如星雲大師提倡讀書會、創辦學校來影響大眾，

而你我可以用自己的行動影響周遭，

讓自己接觸更多不同的領域。

三分師徒，七分道友

「大師！您有千餘名出家弟子，百萬在家信徒，您是怎麼領導他們的？」每回我在受訪時，聽到這個問題，就不禁想起我偉大的師父志開上人曾對我說過的話：「三分師徒，七分道友。」他是棲霞佛學院的院長，平日不苟言笑，對我十分嚴厲，但是從好幾件小事情來看，他其實是一位通達事理的長者。

記憶最深刻的是，有一天早課剛完，天色未明，大家正在晨跑，我發現一個人影戴著帽子在前漫步，於是我以班長身分，大叫一聲：「你這個拖拉鬼，還不快一點跟上前面的人！」再定睛一看，竟然是院長家師啊！他居然沒有生氣，反而還對我微微笑著。他雖然經常對我責深言切，但有時候，他也給我轉圜的餘地，讓我感到他不僅是一位良師，也是一位益友。

是良師也是益友

在我心目中，家師真正的好，不僅在於他的明理嚴教，也在他那恢宏的器識與開闊的胸襟。從大陸到臺灣，從叢林道場到子孫寺院，我見過不少師父，他們收徒弟進來，或服侍防老，或繼承家廟，或為謀道糧，或增添氣勢，而我偉大的家師則送我到各處參學苦修，讓我在大眾中薰修磨練。

一九四九年，神州板蕩，家師聽說我將赴臺灣參訪，不僅辦齋送行，還給我十枚銀元以為途中不時之需。家師那種為眾育徒的慈心悲願永遠深印在我心中。

自古以來，前輩大德們的師徒傳燈，心心相印，我只能仰望羨慕，何敢相比？何況我一生中，為徒不孝，為師不嚴，但想到恩師和古德所云「三分師徒，七分道友」，確實是我戮力以赴的目標。

從家師的為教培才，我意識到收徒度眾確是一件非同小可的重責大任，所以儘管剛來臺灣時，曾有許多人想隨我出家，但我自忖一介雲水衲僧，居無定所，又沒有自己的寺院道場，無法盡到教養的責任，豈不反而愧對弟子，故均予婉拒，轉而介紹給其他善知識。像慧瑞、明藏、覺律、普暉等，都是在這些因緣下，皈投到印順、白聖、月基及德熙法師等人座下。其他的在家徒眾由我介紹到其他道場參學者，也是不計其數，像黃麗明，三十年後還是又回來拜我為師；翁覺華在聖熹法師處忠心耿耿地奉獻了四十載青春，不久前與我不期而遇，淚流滿面，欲言又止，彼此雖無師徒傳道之實，但這份佛法因緣也不曾因時移事遷而中斷無痕。

數年前，我應邀到宏法寺、澄清寺等道場說法，有許多過去數十年前結緣的在家信徒見到我，向我跪哭，請求我原諒他們成為其他寺院的護法。其實我一生只是為佛教、為眾生、為國家、為社會培育徒眾，從沒有想要占為己有，因此，我對他們說：「大家所拜的佛祖都是同一個，哪一家寺院道場不都是一樣嗎？」

說起自己收徒剃度，是三十年前在雷音寺落腳以後的事了。最早的出家男女弟子是心平與慈嘉、慈怡、心如等數人，那時我雖然經濟困窘，但還是勉力湊錢，發給他們紅包，而且親手為他們製作僧衣，從買布到染色，從剪裁到縫紉，都是我幫忙完成。直到現在，我還記得當他們接到僧衣時那種欣喜的神情。

後來，我才知道當時在本省，需要身懷相當財物，並自備衣單者，方能如願披剃，而我卻常常為了成就弟子出家，不惜犧牲自我。記得曾有一個年幼女孩向我請求剃度，我答應她後，她竟然還附帶條件：「我要先穿一次牛仔褲、玻璃絲襪後，才要發心出家。」於是，我從日本回國時，託人購買。回國通關時，海關人員開箱檢查，取笑說：「出家人竟然買這些東西！」天下父母心，有誰能了解？

三十年前，還有一位徒眾為學佛而逃離家門，我念他倉皇離家，沒有攜帶一衣一物，所以即刻掏出五百元，沒想到他卻對我說：「那麼俗氣做什麼？」二十多年前，一位小姐來山念書，我見她腳蹬高跟鞋，身穿迷你裙，來參加早晚課誦，於是拿了三千元給她，意在資助她添購海青、制服、棉被、文具等日用物品，她竟然當下拒絕，並且說道：「不要想用金錢來買動我的心！」

雖然有好幾次令我錯愕的經驗，我還是不曾失望，看到別人有心學佛，總是歡歡喜喜地關懷幫助，凡有所匱乏，我也想盡辦法，滿足所願。我不但供應日用物品，衣單嚫錢，連春節時都未嘗少發過一份紅包。記得一九六四年在壽山寺，眼看著年關將近，無奈阮囊羞澀，為了趕在除夕夜發給每一個人兩百元壓歲錢，我還是冒著寒風細雨，在除夕夜等候信徒前來進香。

近十年來，經濟稍微寬裕，每次出國弘法之暇，我常常進出百貨公司，購買便宜的紀念品，帶回國內送給徒眾和育幼院的孩子們摸彩。雖然攜帶大箱小箱不但行動不便，而且每經過一次海關，總要接受一番拆箱盤問，才能通過放行，但看到徒眾人手一份，皆大歡喜的樣子，自覺再困難也是值得的。弟子中百般珍惜者固然有之，但是也有些人覺得大家都有，沒什麼稀罕。姑且不論運送途中的迂迴周折，然為師的一番愛心，他們何曾體會？還有些人溜單時，將我送的物品丟棄地上，更是令人見了傷心。也不禁讓人想到古德「三分師徒，七分道友」的名言，而今師情隆厚，徒義何存？

對於弟子日常的衣食住行，乃至疾病醫藥、探親路費等一切福利，雖然我都考慮周詳，並且督促有關單位張羅齊全，有時還是難免老婆心切。心平、永平開刀療養期間，我一次又一次地去醫院探視，其他徒眾臥病吊點滴時，我也經常提著稀飯、醬菜前往慰問，力有未逮處，則遣侍者攜補品、瓜果代為致意。旁人看了，都笑稱我是個「孝順的師父」，其實我只想盡一點道友之情罷了。

青出於藍更勝於藍

所謂「聞道有先後，術業有專攻」，我並不以為自己比徒弟高明，除了傳道、授業、解惑以外，我更希望他們能「青出於藍，更勝於藍」，所以不但延聘名師前來教學，也鼓勵他們出外參學遊訪，經由「讀萬卷書，行萬里路」，來增廣見聞，拓展胸襟。

十八年前，依空到東京大學深造，我親自陪他遠赴東瀛，託付給水野教授；依昱在駒澤大學讀書，我去日本看他，他竟然安排隨侍我同行的弟子睡在房間，我則伴著日月星辰，在陽臺上睡了一晚；心中懸念慧開的生活起居，我專程前往費城的天普大學；想要了解依法的學習情況，我不辭辛勞，去夏威夷大學、耶魯大學講演；甚至我藉朝聖之名，數次至印度，走訪詩人泰戈爾所創辦的梵文大學，探望正在攻讀學位的依華；我趁出國弘法之便，巡視各地道場，其實真正的用意，無非是想看看在海外開山拓土的弟子是否安好。我忍耐風霜雨雪，受著暑熱嚴寒侵逼，這份愛徒之心，恐怕只有為人父母者才能體會。

早期的弟子出國參訪，我努力籌錢，自掏腰包，但後來留學的人數日益增多，而常住財力也比以前稍好，我恐怕徒眾只知道有師父，不知道有常住，於是改由常住支付學雜費用。雖然如此，每回出國，我還是做「散財老爹」，拿錢給他們購買書籍文具，將身上帶的盤纏，沿路收的紅包全都送光了，才安心回山。一九九四年我環球弘法，給五大洲的百餘名留學弟子每人百元美金，兩萬元的美鈔就這樣從口袋裡消失了。在飛機上俯瞰漸離視線的青山綠水時，我衷心默禱他們日後能學有所成，對國際佛教的交流有所貢獻。

至今佛光山每一個弟子都有出國的經驗，有人曾對我說：這樣會使一些人才流失，豈不是白費心血？其實，如果真是這樣，也可以散播佛法，與大眾結緣，未嘗不是「傳燈」的方式之一。只要盡其在我，努力耕耘播種，一旦開花結果，不一定只留給自己欣賞，也應該讓世人共同分享，這原本就是我一貫的度眾信念。

身教勝於言教

東京佛光協會的陳逸民先生有一次對我說：「大師！您真了不起，不說別的，光是適應這麼多不同個性的徒眾，想必要費很大的工夫吧！」我未曾覺得自己了不起，因為我與弟子之間不是上令下從，而是思想的溝通，佛道的交流。所以，我同中存異，欣賞他們不同的性格；我異中求同，居間調和不同的觀點。當他們向我請示事情時，我傾囊相授，用心指導；當他們前來告假銷假時，我招呼喝茶，款待用餐。我不想以威權強迫他們接受我的意見，故採循循善誘的態度，保其尊嚴。我不認為自己是至尊至上的，「三分師徒，七分道友」的觀念，讓我察納雅言，廣集眾議。

在佛光山，每一個人都有自由發言的權利。有時，我才說了一句話，周遭的人也爭相表達意見，如同小犬齊吠。有時，我話還沒說，徒眾反倒先開口：

「師父！您聽我說……」

「師父！您都不知道啊……」

真是誰大誰小？儘管有時對於他們所說的話不以為然，我還是耐煩傾聽。有人對我說：「他們是弟子，禮應恭敬，你何必要對他們那麼客氣？」話雖不錯，但想到過去古德對於弟子的尊重，曾留下「老為大，小有用」的教誨，這何嘗不是「三分師徒，七分道友」的襟懷？佛寺的山門前面，總是有一尊大肚能容的彌勒菩薩，笑容可掬地接引來者，等到入了山門，回頭才看到手持金剛杵的韋馱護法，這正說明了佛門的教育，既有彌勒菩薩愛的攝受，又有韋馱護法力的折服。惟有先讓徒眾敞開心門，暢所欲言，我們才好觀機逗教，以種種方法調伏慢幢，讓對方窺見佛法的堂奧。

過去佛光山的人手還不是很多的時候，每到假日，來山信徒絡繹不絕，我便經常到果樂齋、朝山會館炒菜煮麵供養大眾。廚房裡鍋碗瓢盆和著人聲笑語，師徒共聚一堂，協力合作，大家其樂融融，倒也忘了彼此是誰。十年前，我到西來寺弘法時，曾獨自一人入廚典座，效率之快速，色香之俱全，至今仍為信徒津津樂道。一九九五年春節，我為臺北道場的信眾煮了一道百味齋，大家也是有口皆碑，讚不絕口。不知如此之身教是否比言教更好？

昔時，閔員外送兒子道明至九華山隨地藏菩薩出家的故事成為千古美談；裴休宰相所作的「送子出家詩」，至今讀來，仍令人動容不已。現代的閔員外與裴休似乎更勝一籌，像在佛光山，親人眷屬互相成就，父母、兄弟、姊妹先後出家者，就有四十多對。近幾年來，隨著時代思想的進步，父母送子女來山出家的更是越來越多，每當聽到他們改口叫自己的兒女為「法師」時，除了感動以外，更覺得世俗上所謂大小尊卑，豈有一定？

文殊菩薩雖貴為七佛之師，但在釋迦牟尼佛面前，也得禮拜請法；鳩摩羅什與槃頭達多之間「大乘小乘互相為師」的美談，更是傳揚千載。禪宗六祖發出「迷時師度，悟時自度」的豪語，不但在當時令五祖擊節讚賞，即便在今日，仍是膾炙人口的名言；黃檗、臨濟師徒之間的凌厲機鋒，不僅無礙兩人的道德聲譽，而且還成為後代佛子參禪的最佳公案。所以「三分師徒，七分道友」對於個人的成長而言，意味著如果光靠自己，沒有指引，則無法因指見月；但一味的依賴別人，則將無所成就。

因此，為人父母者，能有「三分師徒，七分道友」的認知，則子女不僅是自己的骨肉，更是自己的朋友，可以分享成長的喜悅；為人師長者，能有「三分師徒，七分道友」的涵養，則弟子不僅是自己的晚輩，更是自己的同參，可以互切互磋；為人長官者，能有「三分師徒，七分道友」的體認，則部下不僅是自己的袍屬，更是自己的同事，可以共同承擔苦樂；夫妻之間能有「三分師徒，七分道友」的觀念，就能彼此包容，互相尊重。

能做到「三分師徒，七分道友」的緣分，是多麼美妙！

◆本文出自一九九五年六月《往事百語１—三分師徒，七分道友》

◆為人父母者，能有「三分師徒，七分道友」的認知，則子女不僅是自己的骨肉，更是自己的朋友；為人師長者，能有「三分師徒，七分道友」的涵養，則弟子不僅是自己的晚輩，更是自己的同參；為人長官者，能有「三分師徒，七分道友」的體認，則部下不僅是自己的袍屬，更是自己的同事。

◆學習的目的，應在知識上能幫助人，在品德上能感化人，在實用上能嘉惠人，在社會歷史上能傳之不朽，才是有價值的學習。

摘自〈佛光菜根譚〉

我提倡讀書會

我出生在揚州一個窮苦的農村家庭，因為家裡貧窮，從小沒有見過學校，也沒有進過學校念書，至今連一張小學畢業證書都沒有，到了真正有書可讀的時候，已經超過學齡；直到十二歲那年，我在棲霞山剃度後進入棲霞律學院就讀，讀書成了我生命中的重要資糧。假如說我不讀書，現在的情況實在很難想像。

因為對讀書的渴望，我向常住爭取管理圖書館的工作，藉由整理書籍的機會，可以閱覽群書；甚至夜晚熄燈後，我還躲在棉被裡點著線香偷偷看書。少年的我，也可以說藉由這些中國古典小說，如《岳傳》、《荊軻傳》、《三國演義》、《七俠五義》，及歷代高僧傳記、歷史典籍等，培養了我許多的觀念。歷代多少的英雄好漢，經歷艱難困苦，無形中都激勵我要立志、要奮發向上。讀書，真是滋養了我一生的成長，啟發我做人要有情有義、要有正義感、要正派。因此，我非常鼓勵每個人都要養成讀書的習慣。

三十多年前，我到日本立正佼成會參觀，裡面有個很大的說法殿，我看到三個一組、五個一群，大概有好幾百人圍成一桌一桌在談話。

帶我們參觀的人說：「我們立正佼成會就靠這個法座，大家坐在一起談論佛法。」

他接著又說：「他們有的從很遠的地方來，他們來了，就是由寺院裡資歷比較久的長老主持，十個、八個圍在一起，有什麼困難、不得解決的事情，大家提出來討論、商量。在這個讀書會裡，我們不談金錢、不談愛情，其他事情都可以談，因為金錢、愛情容易造成是非，談佛法、談困難的解決，必定對自己有所幫助。」

所以，我就想到寺院裡，假如有信徒來了，那我們也可以跟他們分享一篇好的文章，彼此做心得交流，或許剛好可以解決他們心中的苦悶，相信信徒也會很歡喜。

來自佛菩薩的版稅

我一生就希望成全別人讀書，甚至經常想著要如何推動讀書。也因此，我從小學校長做起，後來辦幼稚園、創辦佛教學院、小學、初中、高中，乃至在澳洲、美國、菲律賓及臺灣創辦五所大學，主要目的就是希望讓大家來讀書；即使集合百萬人心血創辦學校，也是想號召大家多讀書。也由於自己愛好閱讀，體會到文字的影響力很大，因此從青少年起，我就歡喜寫作，多年來一直持續不斷。

在弘法過程中，經常有人問我：「你是怎樣在全世界各地，建起那麼多個寺廟？辦那麼多所學校？」簡單的說，都是因為書把佛光山建起來的。這是什麼道理呢？

像佛光山這麼大一塊地，我怎麼買下來的呢？其實，不是我買的，是玉琳國師買的。大家一定覺得很奇怪，玉琳國師是清朝順治皇帝時候的人，他怎麼會在現代買地呢？實際上，是我寫《玉琳國師》這本書的版稅買的。六十年來，這本書翻印了不只五十版以上。

「那麼大悲殿是怎麼建的？」我也告訴大家，那是觀世音菩薩建的。因為我曾學了三個月的日文，嘗試翻譯一本日文的《觀世音菩薩普門品》，就取名為《觀世音菩薩普門品講話》，也不曉得印了幾十版，我就把所得版稅拿來建大悲殿了。

也有人說：「你的大雄寶殿建得不錯呀！」連圓山飯店過去的負責人蔣宋美齡女士都曾經看過大雄寶殿，感到非常雄偉高大，她問我：「你是怎麼建的呢？」我說那不是我建的，那是釋迦牟尼佛建的呀！人家大概會覺得很奇怪，怎麼釋迦牟尼佛會建佛殿呢？

這是因為我寫了一本《釋迦牟尼佛傳》，這本書出版也有五、六十年了，至少有一百刷以上了，我就把版稅拿來建大雄寶殿。

因此我常常告訴大家，不要把佛光山看成鋼筋水泥，要當作是書本，從書的價值來建立一座佛光山。

此外，佛光山早期有一群青年跟隨我出家，像慈莊、慈惠、慈容、心平等人，他們是怎麼來的呢？也是因為我教他們國文、跟我一起讀書，受我的影響，而成為佛教徒。

推動閱讀，廣結書緣

我們看古今中外一個國家有多大的力量，就看他們讀書的風氣。日本全國上下，不但在學校裡讀書、在家庭裡讀書，甚至在火車上、電車裡，都是人手一冊。乃至於到歐美有些國家，他們的青少年也寧可把買漢堡的錢拿來買一本書閱讀。

中國古代自從文武、周公、孔子提倡學術、詩書、禮樂以後，改變了社會的風氣；甚至唐詩、宋詞、元曲、明清的小說，都為中國社會提倡文化建國的偉大力量。

我們舉看歷史上的朝代，從唐宋以後，出版物興起，尤以清朝乾隆敕編的《四庫全書》最為知名；佛教多種的藏經，特別是康熙年間刊刻的《龍藏》，浩浩蕩蕩湧現到社會民間，成為現存年代最久、保存最完好的歷代宮廷御刻的藏文大藏經。

但是，不知從什麼時候起，社會流行著「債多不愁、蝨多不癢、書多不讀」的習慣；甚至過去還有一些不喜歡讀書的懶惰人常掛在口邊說：「春天不是讀書天，夏日炎炎正好眠，秋天蚊蟲冬有雪，收拾書包過新年。」像這樣一年一年反覆浪費時光，就沒有成就。

讀書，可以改變氣質，可以樹立形象，藉由讀書可以認識自己，也能擴大自己的世界，增廣知識與見解，使人明白做人做事的道理。人不讀書，不僅膚淺無知，全身充滿俗氣，活著像行屍走肉一般，又好像吃飯沒有菜餚一樣無味。

讀書就像是在閱讀人生，天下遠見雜誌創辦人高希均教授說：「要把家庭的酒櫃變成書櫃」，這個理想很好，酒會傷害人的身體，讓人迷失自己；就是做事情，也是做了以後就沒有。唯有讀書，知識永遠是智慧，讀過了，知識永遠會存在你的心裡，即佛教所說的八識田中。讀書的種子會埋在我們心裡，因緣際會時，它會成長、開花，也就是所謂「開般若花，結般若果」。

二〇〇一年我在澳洲弘法，繁忙之餘，不曾忘記必須推動讀書會。尤其佛教徒沒有讀書的習慣，整個華人閱讀的風氣也不盛，雖然自己從小沒讀過什麼書，怎樣推動讀書會也不是很有經驗；不過，總有很多榜樣讓我依樣學樣，過去有私塾、書院、補習班、義學等，我想推動讀書會只要有人，應該就不難了。

於是在澳洲我就提議起草讀書會的章程辦法，從填表、報名、審核通過後，就可開始運作。其相關章程辦法，在此一併提供如下，若有心人看到，有意依此辦法成立讀書會，我們也樂見其成。讀書會設「會長」一名以綜理讀書會務，參加的會員，不收費用，僅酌收教材工本費。再者，讀書會的人數不宜太多，五個、十個不嫌少，但最好還是不要超過二十人，談起話來比較能夠讓大家有發言的機會。

人間佛教讀書會章程

二〇〇一年三月二十八日

一、主旨：

「人間佛教讀書會」的成立，旨在提倡書香人間，推動全民閱讀；本著「學海無涯，學無止境」的認知，養成「活到老，學不了」的精神和習慣，希望人人勇猛向前，追求精神食糧，以提升社會的和諧，促進人間的和平與美滿。

二、組織：

（一）本會最高指導單位為「人間佛教讀書會世界總會」，下設總會長一人，由總會長指定各國承辦單位。

臺灣承辦單位為：佛光山文教基金會、人間文教基金會、國際佛光會中華總會、人間福報社。

（二）總會承辦單位下設：教學組（人間福報社負責）、總務組（香海文化公司負責）、推展組（國際佛光會負責）。

（三）各會設會長一人，綜理會務，並不斷的推動成立新會，從一會、二會、三會，乃至若干會。

（四）本讀書會不限學歷，只依程度分為普通班、高級班、大學班、研究班。

三、方式：

本讀書會每次上課時間以二小時為限，每星期不得少於一次，每次並分三個階段進行：

（一）前序半小時：

1. 由會長或承辦者準備香茶一杯，大家可以談時事，或佛教文化動態。
2. 準備咖啡一杯、中西名畫數張，大家一起評賞。
3. 準備幻燈或錄影短片，介紹一個特定事物。
4. 準備佛教梵唄、法音清流，或唱誦的錄音帶，供給大家欣賞。
5. 各種法語教唱，二胡、手風琴等各種樂器演奏。
6. 介紹新書、文物，或學習佛門禮儀。
7. 可以禪坐靜心。
8. 講說《人間福報》的各版內容。
9. 講說參加佛光會的意義。
10. 講說佛光山，提倡本山朝山、別分院共修等。

（以上各項內容可以靈活運用。）

（二）中間一小時正式讀書：

1. 閱讀：全讀、段讀、對讀、隨讀、唱讀、齊讀。

2. 講說：全講、段講、句講、喻講、分講、引講。
3. 討論：設定問題、舉例說明、各抒見解、反覆討論。
4. 教材：（如後）。

（三）後半小時心得分享：

1. 互相談敘。
2. 心得分享。
3. 經驗交流。
4. 困難互助。

從個人、家庭，到社會的得失，只要不涉及金錢、感情，其他皆可傾訴、互助。

四、教材：

（一）普通班：《迷悟之間》、《星雲法語》、《佛光菜根譚》、《往事百語》、《護生畫集》、《法相》、《敬告佛子書》、《書香味》。

（二）高級班：《佛光教科書》、《教乘法數》、佛教文選（如講演集）、《成佛之道》、佛光會主題演說、《菩提道次第廣論》、《大乘起信論》。

（三）大學班：《佛教叢書》、經典選讀（如：《般若心經》、《六祖壇經》、《金剛經》等）、論典選讀（如：《大智度論》、《俱舍論》等）。

（四）研究班：《楞嚴經》、《唯識頌》、《解深密經》、《攝大乘論》。

五、地點：

可以到講堂、教室、齋堂、滴水坊、客廳、走廊、公園樹下、山林水邊、咖啡小店、郊遊涼亭、其他。

六、注意事項：

（一）本讀書會上課時，當然有一指導者為主，但本會的精神，旨在讓所有參與者，人人都是老師，人人都要講，人人都可以發揮，人人都能實際參與帶動大家讀書。

（二）各會的會長只是行政事務的聯絡人；讀書會中，會長負有帶動大家互講的責任，以期達到人人是老師的目標。

（三）每一會人數不宜過多，最好三人、五人，乃至十人為宜，最多不超過二十人為好。
（四）本讀書會不談學歷，只依程度分班，但成績合乎標準者，可以晉級升班。
（五）本讀書會不一定要有固定的據點，也不必過於重視形式，只重守時、恆心，尤以不缺席為要。
（六）本讀書會不一定完全採讀書方式，偶爾也可播放音樂、影片欣賞、唱歌、猜謎、烹飪，或者請人講演均可，但不得超過正課的三分之一。
（七）本讀書會偶爾也可舉行考試，但考試方法不同於一般學校的試卷考題，可以採口述錄音，讓大家發表學習的心得，或者速讀一篇文章後，即刻測驗速記能力。
（八）本讀書會以三個月為一期，每週上課一至二次為好，一期結束後，由各會自行頒訂，可以放假一週乃至數週後，再行開班。
（九）本讀書會是一種聯誼性質，旨在傳達佛光山常住的資訊、立場、宗風、思想之傳播。
（十）本讀書會的推動成果，隸屬佛光協會的讀書會，要向佛光會總會報告；隸屬人間福報社的讀書會，要向人間福報總社報告；隸屬佛光山的讀書會，要透過各別分院向本山報告。由佛光山總本山每年一至二次，舉辦各處讀書會聯誼大會，並於會中表揚優秀讀書會，頒發獎狀、獎品，乃至獎金。

（十一）所有報名參加本讀書會的會員，必須是國際佛光會會員、《人間福報》讀者，或是佛光山信徒，並經詳細填具報名表格後，始得成為正式會員。

（十二）本讀書會的教材，由佛光山文教基金會、人間文教基金會、人間福報社、國際佛光會中華總會、香海文化公司、佛光出版社聯合提供。

（十三）所有報名參加本讀書會的會員，不收費用，僅酌收教材工本費。

（十四）各會所收取的教材工本費，一律於《人間福報》徵信之。

（十五）本讀書會由星雲大師所創辦，順理恭請星雲大師擔任本會世界總會總會長。本章程所列事項，如有不周之處，可以隨時建議，並得恭請星雲大師指導、裁決。

為了避免流於形式化，我主張讀書會的地點不一定要限制在教室裡，山林水邊大自然也可以是很好的讀書環境，而讀書會裡也可以穿插電影欣賞、唱歌，或聽一場專題演講，但不得超過正課的三分之一。至於多久一次讀書好呢？

我建議每個月最少要有兩次聚會，若能每星期讀書那是最好不過，因為日久必能養成讀書的好習慣。

對於帶領讀書會的方法，我訂出「三段式」的讀書會程序，也就是當大家陸陸續續來參加讀書會時，有人遲到，有人還沒進入狀況前，可以先進行三十分鐘的「暖身」，再進入「主題討論」，然後「心得分享」。

暖身時可以讓大家報告最新出版的好書、可以談談最近的焦點新聞，也可以學習佛門禮儀或靜心禪坐。然後再進入主題討論，無論讀經典，或是佛教藝文、高僧傳記，藉由閱讀培養宗教情操，也可以建立佛法的正確知見。

讀書會的帶領人，最重要的就是要讓人人都能講出他們自己的想法與觀點。我強調讀書會「人人都是老師」，帶領人其實就是主持讓大家發表的關鍵人物，但不是一言堂的演講者。經過主題討論到最後，每個人再進行「心得分享」時，就更能歸納出學習的重點。

澳洲回來後第二年，我到南非主持國際佛光會世界理事會，提出「佛教四化」的主張，我呼籲佛教要不被時代所淘汰，就必須走向「佛法人間化、生活書香化、僧信平等化、寺院本土化」，我再度提出「生活書香化」的重要，希望大家在世間生活，不能只為了三餐溫飽，不能只是追求物質、金錢、愛情等五欲塵勞，生活應該要有般若、知識，要充實自己的氣質內涵，要找出自己的真心佛性，要懂得營造生活的樂趣，要重視生活的品質，這其中唯有多讀書，使生活有了書香，才能夠讓自己的人生過得有意義。

我提到「讀書會」各種讀書方法，可以全讀、段讀、對讀、隨讀、齊讀，讓讀書像唱歌一樣的讀，要「讀活書，活讀書」，不要刻板的死讀書，平常讀完後把重點記下來，常常溫故知新，日久，書本上的知識就會融入到自己的身心血液裡，成為自己的養分。

從南非回臺灣後，我就找到正在佛學院擔任教職的覺培，覺培是我在一九九六年歐洲弘法時，把他「撿」回來的。他很有想法，也歡喜問問題；住在阿根廷十四年，一路讀書、成長、工作，後來遇到巴西的覺誠，推薦他參加在法國召開的國際佛光會世界大會而認識佛光山。

他在我歐洲弘法期間，一路問了我不知道多少個問題，我想怎麼會有人有這麼多問題呢？不過他在問完後就回臺灣，不久後就跟隨我出家了。我想這也很好，把問題都問懂了，出家也就更一心一意了。

覺培接任讀書會後，就去臺中光明學苑成立「人間佛教讀書會總部」，是時二〇〇二年一月一日，我跟他說：「你做讀書會我可沒錢給你，但是會給你《佛光教科書》，出家人憂道不憂貧，人能弘道，非道弘人，如果有一千個讀書會，一個讀書會十個人，就會有一萬人讀書；如果二十個人，就有兩萬人讀書，這對社會教化的影響是很大的。」覺培聽了我的話之後，就依教奉行到全國各地辦讀書會去了。

三個月後，他苦惱地回來跟我報告：「師父啊，我辦讀書會，想不到都市人都說他們『沒時間讀書』；我到鄉下去，鄉下人就跟我說他們『沒有習慣讀書』；最後我想找退休老師來參加讀書會，他們竟然說：『我們做老師的退休後終於解脫，不用再讀書了，怎麼還會有人想參加讀書會？』到底我們讀書會要推廣給誰啊？」

我想這應該是一般華人社會沒有養成閱讀風氣的現象。不過，我還是勉勵覺培：「讀書會要給人讀得歡喜，還要跟生活結合，讀書不限定在室內，可以在咖啡館、餐廳，甚至走入大自然、山林、水邊、樹下，都是讀書的好地方，只要給人讀得歡喜受用，就會有人肯來。」

覺培把我的話聽進去，才兩年的光景，就聽到讀書會在各地如雨後春筍般地到處展開。先後在海內外成立「山水讀書會」、「社區讀書會」、「好鄰居讀書會」、「嬤孫讀書會」、「婆婆媽媽讀書會」，還有「經典讀書會」、「藝文讀書會」、「雙語讀書會」、「空中讀書會」，我還聽說在臺灣最高峰玉山，成立「玉山讀書會」，而在學校推廣的「班級讀書會」就更多了。這兩千多個讀書會，成為全球華人社團裡，最龐大的讀書會群。這些不同類型的讀書會，都是覺培帶領讀書會總部的成員：妙寧、滿穆及多位講師，在各地所舉辦的讀書會培訓的成果。

這段期間，因為讀書會而結為盟友的有：二〇〇一年於臺北金光明寺，與洪建全基金會「PHP素直友會」總會長簡靜惠女士結盟；二〇〇三年於佛光山寺，與天下遠見讀書俱樂部創辦人高希均教授結盟。這些盟友，可以說都是社會上的菁英賢達，數十年如一日，他們在社會各地推動著閱讀，也為臺灣注入不少閱讀風氣。

自從人間佛教讀書會在社會各階層發展後，許多學校、社團、教育部、國家文官學院等，都紛紛來邀請佛光山提供讀書會的推廣經驗，可以說受到國家的重視與肯定。

每年讀書會都會在全臺灣各地巡迴舉行「人間佛教閱讀研討會——經典與人生」，結合專題演講、論壇、閱讀發表等，闡述人間佛教的精神內涵，讓各地讀書會友體悟佛法與人生的關係，並且深入經藏，領悟人生的要義。尤其，一年一次召開的「全民閱讀博覽會」，讓各地讀書會得以回來交流分享；藉由「讀書會帶領人培訓」的活動，培訓了更多有心成立帶領讀書會的幹部，另外，也走入校園推廣「讀報與生命教育」等等，從每個人熱烈參與的情形看來，大家已經漸漸體會到書香味的樂趣。

改變人生航道的機會

在帶動讀書會的過程，有幾件人事讓我印象深刻，今略述如下：

其一是遠在外島小琉球的許春發檀講師，他是小琉球分會的會長，一九六一年師範學校畢業後，就投入國小教育，自願回到故鄉小琉球服務。

一九九六年二月我應邀到小琉球，為當地居民舉行三皈五戒，我勉勵會員們說：小琉球雖「小」，我希望將來能成為臺灣最美麗的島嶼，更期望小琉球有多一點的人，尤其是青年們加入佛光會，除了促進彼此聯誼外，也能帶動社區活動，進一步還要研究佛法，考取檀講師，發心弘法或來山讀佛學院，這樣佛法才能在小琉球落地生根。

七月，許春發會長就帶領四十位會員來臺環島巡禮，抵達臺北道場時，我特別在海會堂和他們見面。他告訴我，小琉球有四個小學，一個中學，一九九六年參加佛學會考者有一千五百人，應考率百分之百。有一年的元宵節，鄉公所舉辦的猜燈謎活動，還請佛光會出題（題庫來自佛學會考考題），答對者由鄉公所贈送獎品。這是多麼佛化的善居地。可見，「佛化小琉球」不是夢想。

二〇〇二年元月，我成立「人間佛教讀書會」，許春發會長響應我的「生活書香化」理念，隨即在小琉球成立「藝文讀書會」，每週四晚上的共讀時光，成了來自護理界、郵局、電信業、教育界及家庭主婦等成員每星期最期待的日子。

許春發會長從事國小、國中教育，有四十年的經歷，深知小琉球地處離島漁村，過去生活困苦，男人忙於漁業，早出晚歸，或出海數月、近年；讀書不多，長年身涉大海，出入險境，根本無暇而且無力督促子弟讀書；家庭主婦忙於家事、農耕、織作，仰事俯畜，準備漁具及炊煮，有機會讀書、升學的人少之又少。他認為提升教育水準、救貧之道，唯有倡導讀書，因此積極響應護持讀書會。

其二是「漸凍人」陳宏及他的夫人劉學慧女士，靠著讀書會，他們共同走過人生最艱困的階段。陳宏因為罕見疾病，全身只剩下眼睛可以轉動，十一年來，以眼眸書寫靈魂，眨眼寫下三十五萬字創作，締造金氏世界紀錄。

二〇〇九年我曾前往探望，肯定他雖身受苦難，仍為人間寫歷史。我說：「過去我們就常常在報上相遇。」因為我平日勤於閱讀書報，當年陳宏擔任《大華晚報》主編時，就曾應邀參訪佛光山海外的寺院、撰文介紹；《人間福報》創辦之前曾推出月刊，也曾受邀到佛光山參與三天的研討會，分享刊物編輯心得，他也是攝影名家，曾經擔任各大攝影比賽、影展評審，在世新大學前身傳播學院任教二十餘年。

劉學慧女士在照顧陪伴陳宏之餘，擔任了兩屆漸凍人協會理事長，以大愛之心服務漸凍人病友。為照顧因運動神經元疾病臥床的先生，劉學慧女士毅然自華江高中教務主任職務提前退休。在照顧陳宏的過程，也曾有低潮的時候，她很感謝讀書會的成員不斷給予鼓勵，帶給他們源源不絕的力量。

第三位要說的就是魏訓章居士，不識字的他，一生務農，為人純樸、耿直。一九九二年加入佛光會，改變了他原本平淡勞碌的人生。二〇〇二年員林講堂住持滿舟開辦讀書會，邀請學校老師、校長親自帶領，成為員林最有書香氣息的寺院道場。滿舟將每間教室設計為優雅的讀書室，門口掛著不同讀書會的名字，無論識不識字的人都可以參加，大家在這一間間讀書室裡閱讀暢談。

自從參加了讀書會，魏訓章就開始跟著習字閱讀，老師將佛教詩偈用各種音調的唱法，讓大家不僅歡喜唱，還討論其中的含義，結束後，魏訓章就回去哼唱給他所栽植的木瓜聽。令人津津樂道的公案，就是他所種植的木瓜，竟然兩度經歷颱風肆虐而屹立不搖。魏訓章說，眼看著其他農田的木瓜都倒了，只有自己的木瓜沒有倒。他說：「讀過書的木瓜，就是不一樣。」雖不識字，魏訓章卻在讀書會的高僧詩偈語錄裡，找到快樂的泉源。

第四位是被稱為「美髮院哲學家」的洪明郁居士，他是熙格沙龍連鎖店的老闆，年輕有為，在美髮界頗負盛名，臺北與宜蘭共有十三家分店，每週日上午八點十分，十三個人間佛教讀書會在各分店同步進行。

二〇〇二年，他在參加讀書會培訓後，就把我的書香理念推廣到自己的企業，以及員工、客戶身上。每星期他親自召集「店長讀書會」，店長回去後則繼續帶領店員一起讀書。

他說，一般的美髮院員工多是不愛讀書的年輕人，員工們剛開始聽到他要推廣閱讀，心裡也很排斥。後來，他透過許多巧妙的方法帶領，讓所有店長在平日不敢說、不擅說、不愛思考的習慣，統統在讀書會裡有了開口與交流的機會。

這些年輕的店長從排斥、接受到喜歡閱讀，再回到各個連鎖店裡，帶領更多的美髮員工讀書，沒多久，員工們在邊洗頭邊分享自己閱讀的精彩內容時，讓客戶成了喜歡再來的原因，多半是婆婆帶著媳婦、媽媽帶著女兒的客戶們，一來就是十幾年。員工們發現：因為閱讀，漸漸取代過去邊洗頭邊聊八卦的壞習慣，現在因為有了書香味，不僅增加客戶的信賴，還有客戶主動加入他們每週一次的讀書會。

各地萌芽的種子

在臺中市區，還有一個曾經是「麻將會」轉變為「讀書會」的故事。佛光會員邱淑惠剛搬進新的社區大樓，在一次大廈管理委員會議中，見到鄰居們為各自的利害關係，各說各話，沒有共識，整個會議吵吵鬧鬧，互不相讓，委員們更是從言語交鋒到肢體衝突，摔椅子、翻桌子，幾乎要大打出手，那一幕把她嚇壞了。有趣的是，這些委員雖然會議中話不投機，私底下卻又興趣相投，晚上聚在一起，聊工作、談政治、打麻將。

當時也是「快樂讀書會」帶領人的邱淑惠，就找來幾位好鄰居共組「好鄰居讀書會」，這幾位都是每天抱怨先生打麻將的太太，在這些基礎的成員裡，一步步說服更多支持的鄰居加入讀書的行列。自從有了讀書會，他們在閱讀討論中，重新找到生活目標，找到教育子女的方法，也拉近彼此的距離，增加彼此的了解，更讓社區居民感情融洽，而這群讀書會員也都自告奮勇輪流擔任社區主任委員，舉辦許多活動，讓社區更有活力。

二〇一二年徒眾講習會，歐洲的滿謙報告，讀書會凝聚了葡萄牙里斯本的信眾。葡萄牙佛光山的讀書會，分跨各個年齡層。除了婦女、金剛讀書會之外，也有兒童、青少年類型，成員多以葡文進行共讀、討論。讀書會為里斯本市中心商圈的華人店家，帶來豐富的心靈資糧。

另外，「日日是好日」茶禪悅樂的盛會，在歐洲十一個城市巡迴後，參加過茶禪文化洗練過的葡萄牙里斯本信眾久久難忘，決定以書香會友的聚會來提升生命品質。

隨著這群包括大學教授與佛光會幹部愛書人的積極發心，影響力慢慢擴及到市中心的商家。這些店主在忙過生意之後，就會相約在商業大樓內，或在自家商店內進行讀書會。《佛光菜根譚》短短幾十字，引領他們思考人生多元面向與價值，漸漸地，他們了解人生不是只以賺錢為目的，讀書會可以擴大眼界、開拓視野。這些企業讀書會，多是由金毅居士所召集，他們每週聚集一起閱讀，讀書時間成為生活中最快樂的時光之一。

特殊的是，由葡萄牙覺心法師和莊寅彩督導帶領的葡文讀書會，吸引許多當地人加入。葡籍知識分子中，不乏學員每星期不辭辛苦的搭乘火車來回七小時參加。讀書會像一座橋梁，促成更多人加入，將我的著作翻譯成葡文的行列，於是一本葡文版、一本中文版，對照講解後翻譯，在他們的集體創作下，不但將《八大人覺經》翻譯成葡文，甚至將我巴西葡文的著作，翻譯成葡萄牙語，《Conceitos Fundamentais do Budismo》（佛法概論）、《Budismo Significados Profundos》（佛教教理）這二本書，現在已由 Zefiro 出版社在葡國發行，相信會是人間佛教在當地發展的新契機。

隨著閱讀的書籍越來越豐富，他們漸漸懂得要廣結善緣，原本在商圈中彼此有生意競爭的緊張感，透過讀書會大家因有共同的理念，相處轉為和諧、融洽。後來「坐而言，不如起而行」，更進一步投入佛光會的服務，參與社會公益，連兒童讀書會的小朋友，都懂得將撲滿的儲蓄捐出來幫助弱勢。

最近覺培告訴我，馬來西亞「二〇一二年第一屆『智慧創新』全國教師生命教育研習營」，在佛光山東禪寺展開三天的研習，共有三百位教師報名參加。由馬國教育部副部長魏家祥博士特別指導，全國教師聯誼會協辦，東禪佛教學院承辦，是大馬教育部第一次承認研習學分的研習營。

回顧讀書會已成立十年，琅琅讀書聲從山巔到海邊，從知識分子到不識字的歐巴桑，也從寺廟裡讀到社區、公園，乃至家庭，許許多多的人因為參加讀書會而獲得知識的增長，心靈的淨化，氣質的改變。有人因參加讀書會，憂鬱症不藥而癒，有人因讀書會，夫妻破鏡重圓；想不到讀書因「會」而拉近人與人的距離，增加自信，提升自己的知識學習，也結識更多的書香之友。

感謝高希均教授、柴松林教授、鄭石岩教授、陳怡安博士、簡靜惠女士及方隆彰老師，常常參與讀書會總部舉辦的大型閱讀活動及培訓課程。十年來，人間佛教讀書會總部走過十六個國家、一百七十四個城市，舉辦四百九十一場培訓課程，與近十萬個愛書人分享有效帶領閱讀，善用各種材料方法，閱讀的觸角從家庭到學校，從寺廟到監獄，從都市到鄉村，從臺灣到世界。

過去有人說，只要我們中華民族有讀書的種子、有讀書人，中華民族就會不斷發揚光大，中華文化就會在世界上熠熠生輝，我希望全球佛光人帶領起佛教徒愛讀書的風氣，身為父母要鼓勵子女多讀書，為人子女也要送書給父母，朋友往來以書為贈禮，讓國家因書而富，社會因書而貴，讓人人過上一個書香的人生。

◆本文出自二〇一三年《百年佛緣 5－文教篇 1》

◆社團的慧命在文化教育；文化可以淨化心靈，
教育可以改變氣質，根除煩惱。
社團的發揚在慈善集會；慈善可以拯濟色身，
集會可以達成共識，匡扶大眾。

◆讀書，以融會貫通為主旨，以方法技巧為輔佐；
讀書，以勤懇熟讀為功效，以用心下手為實際。

摘自〈佛光菜根譚〉

我辦大學等社會教育

我十歲的時候，七七盧溝橋事變發生，蔣介石宣布抗戰到底，我也參加了兒童抗戰的行列。記得那時候，社會人士組織一個抗戰班，我也參加這個班，還學會了當時抗戰的歌，如：「只有鐵，只有血，只有鐵血可以救中國。」還有：「起來！起來！我們萬眾一心，冒著敵人的炮火，前進！前進！前進！」那大概就是我參加社會教育的開始了。

後來出家，十年中沒有和社會接觸，直到我快要離開佛教學院前，中國抗戰勝利了。還記得，我參加慶祝抗戰勝利的遊行活動時才十八歲，站在愛國愛民的立場，總覺得國家興亡，匹夫有責，不能不表現自己的良知，為社會奉獻一些力量。我來臺灣前，曾短時間擔任南京華藏寺的住持，寺裡原先就辦有一所華藏學校，一間織布工廠，不過這些都是原先就有的，我並沒有放在心上。但為社會服務、辦社會教育的想法一直存在心中。

發心投入教育的堅持

初到臺灣時，社會上受到政治壓迫的力量，也就是所謂的「白色恐怖」，叫人談到活動、談到青年，就如談虎色變。但是，我覺得本諸良心，愛護國家社會，有什麼事情不可以做呢？

所以我就從宜蘭開始籌組「兒童班」，向政府立案籌辦「慈愛幼稚園」，向教育部登記「文理補習班」，倡導文藝，組織「文藝寫作班」，鼓勵青年唱歌、弘法等等。只希望每一個活動能讓受到白色恐怖影響的民心得到開懷、解放。

後來，蔣經國先生不愧是個先知先覺者，他為了臺灣，提出以寓教於樂的方式，成立一個「青年救國團」，在每年的寒暑假舉辦許多科學性、文藝性的活動，讓青年都來參與這些正當、正常、健康的娛樂活動，所以名為「救國」，實際是救心運動。

在我個人的人生字典裡，教育分有好多種類。所謂佛教教育，有僧伽教育、居士教育、兒童教育、慈善教育；在社會教育裡，如一般的學校教育、職業教育、婦女家事教育，以及各種職業訓練班等。

我在一九五三年元月來到宜蘭，一九五六年創辦「慈愛幼稚園」就向政府立案，並且設立「光華文理補習班」，這就算是我正式向政府申請社會教育的開始了。

在宜蘭辦幼稚園教育，我還舉辦「幼稚園師資訓練班」，訓練過好幾百名的幼教人才，所以後來全臺灣各地幼教師資，都有來自我們幼教師資訓練班的老師。當時慈愛幼稚園，說來可憐，只有兩間教室，因此，我另外建了一個臨時的辦公室。不過在我的幼稚園裡，兒童的鞦韆、滑梯、浪馬，舉凡兒童玩的玩具，我一概皆有，甚至於我還有一個小型的動物園。因為那個時候，幼稚園的小孩，年紀太小，不大願意上學校，但是我的小小動物園裡，有猴子、兔子、松鼠等好多動物，他們感到有趣，想要跟動物玩耍，就會安於就學了。

我第一任的園主任是張優理小姐（慈惠法師），但開辦未及半年，因為慈愛幼稚園跟雷音寺是在宜蘭的北門口，林家祖廟是在南門，為了兒童的上學方便，又在林家祖廟裡設立分院，請吳素真小姐（慈容法師）擔任園主任。不久，蘇澳水泥廠也想辦幼稚園，再請慈容法師前往擔任園長，園主任一職就由張慈蓮小姐接任。

其時，高雄佛教堂信徒們也希望設立幼稚園，我一概照辦，就請慈容法師協助創辦，一時，臺灣的幼稚教育就開始蓬勃起來，臺中、員林到處都有我們訓練的幼教老師，在各地主持幼教工作。

我自己沒有讀過正規的社會學校，但我很喜歡辦學，尤其，在寺院叢林的僧伽教育，養成我非常愛好幫助別人的心胸。又因為我覺得佛教能幫助人的，第一優先就是「教育」，因此，我就更堅定的辦起社會教育來了。

除了辦幼兒教育以外，我也辦各種職業補習班。如：烹飪補習班、洋裁補習班、花道班、婦女的家事班等等。總之一句，我自己雖淺陋，但是我希望我們的社會要提升，盡量地給大家都有機會受教育，能在社會上出人頭地。同時，我也提倡每一個人要有五張執照，例如：駕駛執照、教師執照、護理執照、水電執照、律師執照，因為有執照，才能方便就業；有職業，才有美好的生活。

萬事起頭難

這個時候，我也慢慢知道，我這個出家人和社會脫離不了干係，這大概就是我心甘情願走上社會教育的因緣了。

當然，辦了一些簡易的教育機構我並不能滿足，所以就集合信徒陳秀平邀約南亭法師、悟一法師共同在當時臺北中和鄉辦理一所「智光商工職業學校」。現在，陳秀平、悟一法師、南亭法師都已經作古了，智光學校的原創辦人只剩下我一個，我不知道現在智光的董事會，還曉得我們當初創辦智光學校的那種苦心和願力嗎？

我一面在臺北創辦智光學校，一面在想，辦教育還是要有自己的幹部，而這一切，必須要從佛教學院來辦起；但我沒有地方辦學；當時，信徒和我建立一個他們自己要修行的「壽山寺」，在高雄壽山公園內，我也不管他們怎麼想，就商之於他們，讓我先來辦佛教學院吧！一九六五年，「壽山佛學院」就應運而生了。

在開辦佛學院初期，也有些信徒不願意，他們恐怕我沒有辦法負擔財力，都警告我：「師父，您要辦佛學院會沒有飯吃！」但我不為所動。佛學院開學以後，只有一班學生二十四人；隨後又招第二期二十四人；接著招收第三期二十四人，另外，也有不少是沒有經過考試前來聽課的旁聽生。

那個時候，確實是辦佛學院沒有飯吃，不過，我已經預備好要到殯儀館念通宵佛事。我是不做經懺佛事的，但是為了佛學院，我去念通宵，會有多一些錢可以補貼教育費用。我就邀一些要來做旁聽生的學生，你們也要跟我們一起念通宵，我才准許你們不經過考試而來旁聽，大家也都樂意，因此就解決了我的經費問題。

我心想，要辦教育，師資最重要，我辦壽山佛學院的初期，為什麼青年們好像擠窄門一樣，紛紛要來讀壽山佛學院？因為我有優良的教師。例如：會性法師、煮雲法師、聖嚴法師、慈靄法師，還有，鑽研佛教的國軍六十兵工廠附設醫院院長唐一玄居士；擔任海軍輪機長的方倫居士，對於禪、淨、唯識等都有所深入；高雄女中教務主任戴麒老師幫我教授國文，成功大學閻路教授幫我上自然科學。

辦這種小型佛教學院因為不需要立案，因此許多寺院大都辦辦停停、停停辦辦，或者以三年為一期，三年課程結束再招收一期；但我發願要一年一年招生，比照社會一般學校的教學體制，有上下學年、有寒暑假等，將佛教教育長期的辦下去。從壽山佛學院改為東方佛教學院，從東方佛教學院改為叢林學院，一路走來，每年大約有百名青年學子入學，至今五十年以上，弦歌不斷。

然而，光是有優良的師資還不夠，必須還要有發心，以及任勞任怨的行政工作人員。最初，由慈莊法師為我擔任教務主任，慈惠法師為我擔任訓育主任，這五十年來，曾經擔任過院長的有慈惠、慈容、依恆、依華、慧開、滿謙、慧傳、心培、慧寬、永固，一直到現在的永光、慧得，以及發心的老師們等，延續到今日。

這五十年來，除了辦壽山佛學院以外，由於各地紛紛建立別分院，也陸續辦起分部，例如：在澳洲南天寺有南天佛學院，在美國西來寺有西來佛學院，以及香港佛學院、印度佛學院、菲律賓佛學院、馬來西亞佛學院、巴西佛學院、南非佛學院等。甚至，在臺灣宜蘭設立蘭陽佛教學院，彰化設立福山佛學院，嘉義設有圓福學園，在臺北設有臺北女子佛教學院，基隆設立基隆女子佛學院，在臺北設立中國佛教研究院，還有臺北石門的北海道場有男眾佛教學院及沙彌學園等。

辦佛教學院等於是師範院校一樣，所有的學生吃住都免費，還要幫助他一些零用金，但是所謂「德不孤，必有鄰」，信徒看到教育的成果，漸漸也都熱心贊助起來。像現在叢林學院設立的獎學金，大概不只兩百種吧！所以每年這許多獎學金，幫助佛教學院解決許多疑難問題。不過，我也建立制度，除了吃、住由佛光山供應以外，如果達到兩百人以上，就由常住每個月撥款一百萬元，作為學院的行政費用。

在佛光山開山之初，我並不因辦了僧伽教育就自我滿足，對辦社會教育的想法仍然熱情不減。除了臺北的智光商工以外，教育廳一位朋友要我接辦岡山的正氣中學。正氣中學，原先是蔣經國先生在江西辦的學校，一九六三年在臺灣高雄縣岡山設址復校，後來他們無力續辦，商之於我，我把正氣中學遷來佛光山，就是現在的「普門中學」。那正是一九七七年賽洛瑪颱風來襲的時候，我從開始招生到學校開學，不到一個禮拜，真如諸葛孔明所說：「辦學於風雨之際，接任於危難之間」。

普門中學創校至今三十餘年，所幸歷任校長，如慈惠、依空、慧開、慧傳、王廷二、依淳、陳迺臣、葉明燦、林清波，到現任的校長蕭金榮，以及所有的老師對學校都有很大的貢獻，如今已綠樹成蔭，桃李滿天下了。

普門中學辦學三十多年來，我們不知道投資多少，從來沒有一個董事拿過一塊錢路費，所有的點滴都歸於學校，甚至於包括佛光山常住，還要常常補貼學校不足的費用。建校期間的費用不算，光是後來遷移學校，就花了五億元買土地和新建校舍。除了普門中學，在埔里的均頭中小學、臺東的均一中小學，甚至宜蘭頭城第一所公辦民營的人文小學，也都是抱著這樣的理念，繼續為社會服務。

從實體到虛擬的教育學習

我對於辦教育充滿熱忱，為了提升信眾對佛學的認識，也依人間佛教走出去的理念，我就提出「寺院學校化」作為各道場弘化的方針。哪裡建寺廟，我就叫他們辦「都市佛學院」，讓在家信徒也有機會接觸佛法因緣，為了人間佛教的普及，在臺灣由北到南，在臺北、基隆、臺中、嘉義等各地設立了十六所社區大學。甚至後來創辦電視台，我也叫他們開設「電視佛學院」節目，希望「讓家庭成為學校，客廳就是教室」，以多元化的內容，透過電視媒體，讓佛法普及人間，幫助每一位觀眾開啟人生智慧。

二〇〇四年，我們也利用網路媒介開設「天眼網路佛學院」，希望打破傳統教育地域上的限制，提供另一族群人士接觸佛法的因緣。此外，在報刊上，雖然沒有實際的佛學院，但我也鼓勵他們要開辦「紙上佛學院」，帶動其他媒體，希望社會大眾都能身做好事、口說好話、心存好念。我知道，要改變社會惡劣的風氣與貪欲的人心，必得從教育上來給予淨化，至於成果多少我也不計，只求努力以赴。

後來，有鑑於社會型態的改變，許多所謂的單身貴族，有心想到佛學院讀書，但是因為超過學院入學的年齡，於是我又在一九九四年設立了「勝鬘書院」。以四個月為一期，以旅行行腳方式參學，讓他們可以到世界各地雲遊，擴大心量，放寬視野，拓展見識，以及重新思考生命意涵，進而能夠找到自己人生的價值和方向。

對於社會教育，六十年前，我就一直存有辦大學的想法。但是，我的運氣並不是很順利，在臺灣開放民間可以辦大學的時候，我沒有力量；等到一九七〇至一九八〇年間，覺得自己稍微有一點力量可以擔負的時候，政府又不准私人興辦大學了。在臺灣，我沒有辦法設立大學，於是我就從美國開始，就這樣，我在洛杉磯辦起「西來大學」了。

西來大學從一九九四年申請到I-20（學生入學許可）可以招生的認可執照，到現在，總算學校的進步獲得認可，成為美國西區大學聯盟（WASC）的會員，也可以說是美國第一所由中國人創辦且獲此殊榮的大學。

另外，我也辦了很多中華學校，當中最有規模的有美國西來學校、澳洲中天學校等，西來學校擁有十餘間教室、數百名學生，在西方國家辦中華學校，西來寺算是第一家了。

感謝洛杉磯的信徒們，如：陳居夫婦、陳正男夫婦、張慶衍夫婦、萬通銀行吳履培兩兄弟，潘孝銳先生還和我共同成立「西來大學獎學金」，對學校的幫助都很大。歷年來，也造就不少碩士生、博士生，尤其對韓國和中南半島的佛教國家，可以說協助他們培養人才，應該算是最有貢獻了。

歷任的校長，有陳迺臣、黃茂樹、蘭卡斯特，以及現任的吳欽杉等教授，大家都是一時之選，西來大學不但讓很多善心的信徒發心，西來寺的大眾也經常將法務所得，點滴歸公，都捐給了西來大學。這二十年來，已捐了數千萬美元了。

最初辦西來大學時，建地房屋大約要三千萬美元，一時哪裡能籌得？好在佛法真有不可思議的因緣。一九九〇年春初，臺北普門寺舉行「梁皇法會」，因為參加人數相當多，故分兩個梯次進行，每梯次六百人，計一千二百人禮拜，我也應他們所請，到臺北給予信眾鼓勵。

記得當時法會已經開始唱誦了，我獨自一個人在他們的辦公室，剛好坐在一個練習書法的徒眾座位上，就想，我也來寫幾個字吧！忽然跑進了一位老太太，塞了十萬塊在我的口袋裡，她說：「這是給你的，你可不要給佛光山！」

這又不好推拒，我就把順手寫的一張字「信解行證」送給她。哪知道她拿到佛堂裡面去跟大家炫耀說：「這是大師寫給我的！」大家說：「我們也要！」她說：「這是十萬塊錢的！」那許多信徒都是經濟相當不錯的家庭，聽了以後，十萬塊錢哪裡能嚇倒他們，你有十萬塊，我們也有，大家紛紛拿出十萬塊錢，叫我替他們寫字，總共寫了兩天，一千多人，就有將近億元作為西來大學建校的基金，真是善因妙果！後來我一直追憶這一位老太太叫什麼名字，卻怎麼都想不起她的名字來。

二十四年前，也就是一九八九年，澳洲臥龍崗市市長佛蘭先生，曾發起將現在南天寺的那塊土地捐給佛光山；二〇〇〇年，住持滿謙陪著澳洲臥龍崗市的市長喬治·哈里森（George Harrison）一行人到佛光山參觀，沒多久，我就接到消息說，他們已經得到市議會議員三分之二以上通過，要將八十英畝的土地捐給佛光山的南天寺，希望我們能在那裡辦一所大學和美術館；土地捐贈儀式就在南天寺進行，由滿謙和滿信在律師的見證下完成手續。經過七年的規畫，二〇〇七年，由我和駐澳大利亞臺北經濟文化辦事處的代表林松煥、臥龍崗市長代表大衛·法摩爾（David Farmer）等貴賓代表動土。

南天大學是佛光山繼西來大學、南華大學、佛光大學後興建的第四所大學。我想，過去有很多國家到臺灣辦了很多大學，如輔仁大學、東海大學、東吳大學等，如今，承蒙澳洲政府願意給我們一個機會建大學，讓佛光山有機會得以回饋世界。

眾志成城的教育事業

然而，在國外辦大學，不是我真正所願，為什麼我不能在國內辦一所大學呢？有些信徒知道我的意思，也紛紛表示支持。

例如，日月光集團的張姚宏影老菩薩，曾經拿了五千萬的支票給我說：「這是捐給你辦大學的。」

我說：「不行，我現在還沒開始辦，不能接受妳的捐款！」

她說：「你現在不接受，等到你開始辦的時候我沒錢了怎麼辦？」

我回答她說：「話雖如此，但是我接受了以後，這個辦學校的因緣不是那麼簡單，妳會一直常來問我：『學校呢？』『大學呢？』我實在負擔很沉重。」

因此，我始終不接受她的捐款。後來她說：「我替你存到銀行裡，隨你什麼時候要就去領。」

此外，高雄縣余陳月瑛縣長在一九九一年的除夕，她就住到佛光山上來，告訴我說：「明天早上過年假，我帶你去找辦大學的校地。」

余陳月瑛帶我看的那一塊土地，就是現在高雄師範大學的校址，但是它是國有土地。之前，在我選那塊地的時候，我請了高雄市議會所有的議員出席，跟他們商量。這一塊校地，他要我三萬塊錢一坪；一個學校有三十公頃，光是個土地就要數十億元，我哪裡能辦得起大學呢？

後來，礁溪鄉鄉長陳德治先生打電話給我，他說：「大師，聽說你要辦大學，我礁溪這裡有校地，你也在宜蘭有緣分，可以到宜蘭來辦吧！」

他熱情殷殷，多次要我前去探勘校地。實在說，也看不出這塊校地的地貌，因為整片都是土山丘陵，高低不平，但是我也不管它，既然人家肯提供了，我就說：「我們就決定在這裡設校了！」

這塊校地共五十公頃，只要三億元就可以承購。但是必須到政府申請，准許我們設校後，才能付款。宜蘭縣政府裡有一位國民黨的財務科長，堅持說：「現在價錢不能決定三億，等你申請到了以後，再看那時候市價如何，才能定奪。」

「假如學校申請准許了，從三億漲到三十億，我怎麼辦呢？」我跟他爭論。後來感謝當時宜蘭縣游錫堃縣長承擔責任，他說：「假如不如法讓我來不如法，你給他批准！」

當初宜蘭佛光大學的這一塊校地，請黑石土木公司開發，費了五年時間整地、水土保持等工程，地上一磚一瓦都還沒有蓋，就已經花去新臺幣十億元了。

自知個人沒有力量，不過我想，憑著誠意與願心，希望能夠效法武訓辦學的精神，以托缽的方式籌募功德善款辦學。於是在一九九六年初，我發起「百萬人興學運動」，發動百萬人每月捐助一百元，只要連續捐三年，參與的人都是大學的「建校委員」。但是，由於校地環保工程一直遲遲不能落實，建校曠日持久，信徒不斷問我：「師父，大學辦得怎麼樣了？」一直感到難以應對。

剛巧有一位黃天中先生，他在嘉義大林鎮要設立一所大學，執照都有了，就是沒有資金建校，他商之於我，希望我來接辦。當時，整片校區唯一的建築物，才剛剛拆下模板。由於宜蘭的校地整建困難，我一心急於想對信徒有個交代，就想：「好吧，就先從南華開始設校吧！」

從建校到開學，只有八個月，連教育部都懷疑：「你能開學嗎？」我說：「我能。」所幸，中興工程公司和鈺通建築公司為我們辛勞，南華大學終於在一九九六年八月如期開學，並且由龔鵬程先生擔任首任校長。

為了回饋社會、幫助學生，我提出頭四屆免收學雜費，成為當時國內第一所不收學雜費的私立大學。在啟教典禮的同時，我們也舉行萬人園遊會，吸引了數萬人潮前來觀禮。因為我知道，這是一所初辦的大學，還沒有力量和其他學校競爭，又位處偏僻地方，如果沒有一點特殊優惠，是無法吸引青年學子來入學的。

又再三年，花了十年時間的佛光大學開發案終於獲得批准，我們先建一棟教學大樓預備招生工作，在二〇〇〇年，「佛光人文社會學院」獲准成立，三年後因為優異的辦學成績，經教育部通過改制為「佛光大學」。

關於「百萬人興學運動」這一件事情，大家現在走進佛光大學校園，沿著右邊上山的路上有一道碑牆，上面刻著百萬位信施的名字以表紀念，希望所有前來就讀大學的莘莘學子，都能用一顆感恩惜福的心學習。

我倡導百萬人興學，我也有口號說：「把智慧留給自己，把大學留給人間，把功德留給子孫，把歡喜留給大眾。」後來三年期滿，實際的建校工程並未完成，不過可愛的信徒、發心的人士都繼續每個月百元支持，現在學校已經舉辦過十週年紀念了，還是有人持續贊助。

確實，辦所大學不容易，每年大學董事會都要貼補建校和經常費三億元左右，佛光山也是給這許多學校的開支費用追得焦頭爛額，所幸每次都能順利過關。

現在佛光大學由楊朝祥擔任校長，他原先在教育部擔任部長，二〇〇八年出任考試院考選部部長，後來受我邀約，他辭去部長職務，轉任佛光大學校長。對於校務的推動多所著力，校譽日進，受到全校師生的愛戴與肯定。

現在，佛光大學被譽為是世界上最美麗的學校。尤其，白天上課，經常雲霧繚繞，坐在教室裡，師生好像騰雲駕霧一般。能在雲裡霧裡上課，也別有一番詩意。

到了晚上，天朗氣清時，山下蘭陽平原的百萬燈火，像極了一顆顆的珍珠，彷彿一伸手就可以撈起來，真是蔚為奇觀。有人說，佛光大學是五星級的大飯店，但我倒不想做五星級大飯店，五星級的學校、五星級的大學，才是我的所願啊。

南華大學已經開辦十幾年了，感謝教育部政務次長林聰明先生，在二〇一三年元月二十一日前來就任校長，我相信，未來林校長必定會有一番作為。

數十年來，總計我創辦的社會教育，有西來大學、南天大學、南華大學、佛光大學，以及各級的學校，高中、國中、小學、幼稚教育等。《楞嚴經》有云：「將此深心奉塵剎，是則名為報佛恩。」我將我的身心奉獻給教育、文化、慈善事業，也算是我報答佛恩於萬一了！

◆本文出自二〇一三年《百年佛緣 4－社緣篇 2》

◆佛教除了本身的弘法家務，利生事業外，更要深入社會，從事文化、教育、慈善、環保等工作，才能把佛教跨出寺院，帶入社會。

◆要有所作為，必須堅持理念；想關懷社會，必須走入群眾。

摘自〈佛光菜根譚〉

國家圖書館出版品預行編目（CIP）資料

啟動斜槓人生，星雲大師的自學之道〔自學之道2021年全新修訂版〕／星雲大師著.
-- 二版. -- 新北市：臺灣商務印書館股份有限公司, 2021.07
面；17×23 公分（Ciel）

ISBN 978-957-05-3326-2（平裝）

1. 佛教修持　2. 自主學習

225.87　110006491

Ciel

啟動斜槓人生

星雲大師的自學之道〔自學之道2021年全新修訂版〕

作　　者—星雲大師

發 行 人—王春申
選書顧問—林桶法、陳建守
總 編 輯—張曉蕊
責任編輯—廖雅秦
特約編輯—葛晶瑩
校　　對—呂佳真
封面設計—兒日設計
內頁設計—黃淑華

營業組長—何思頓
行銷組長—張家舜
出版發行—臺灣商務印書館股份有限公司
23141 新北市新店區民權路 108-3 號 5 樓（同門市地址）
電話：（02）8667-3712　傳真：（02）8667-3709
讀者服務專線：0800056196
郵撥：0000165-1
E-mail：ecptw@cptw.com.tw
網路書店網址：www.cptw.com.tw
Facebook：facebook.com.tw/ecptw

局版北市業字第 993 號
初版一刷：2019 年 8 月
二版一刷：2021 年 7 月
印刷廠：鴻霖印刷傳媒股份有限公司
定價：新台幣 300 元

法律顧問—何一芃律師事務所